Dife Fann Fwa

Nimewo 3

Dife Tòch la

Rév. Renaut Pierre-Louis

Si w bezwen enfòmasyon sou liv yo ak brochi nou ekri yo, ou kap kontakte nou nan adrès sa yo :

Peniel Southside Baptist Church
P.O. Box 100323
Fort Lauderdale, Fl 33310
Phone: 954-242-8271
954-525-2413
Fax: 888-972-1727
Website :www.penielbaptist.org
Website :www.theburningtorch.net
E-mail:renaut@theburningtorch.net
E-mail :renaut_cyrille@hotmail.com

Copyright © 2019 by Renaut Pierre-Louis
Tout dwa sou liv sa rezève @ Rév. Renaut Pierre-Louis

Atansyon : Se yon bagay ki kont la lwa si yon moun ta kopye liv sa ou byen yon pati nan liv sa nan nenpòt kèk fason, ke se swa nan enprimri, ou fòto, ou CD san w pa gen otorizasyon ekri sou papye de lotè liv la. Liv nou yo ekri nan twa lang toujou : Franse, Angle ak Kreyol. Nou kap achte yo nan adrès sa yo :

Michel Joseph:
192-21 118 Rd St Albans, N.Y. 11412
Phone: 917-853-6481   718-949-0015

Rév. Julio Brutus:
504 Avenue I SE
Winter Haven, FL 33880
P.O. Box. 7612 Winter Haven, FL 33883
Phones: 863-299-3314; 863-651-2724

Rev. Edouard Georcinvil
725 NE 179th Terr N. Miami Bch, FL 33162
Phones: 305-493-2125; 305-763-1087

Rév. Evans Jules:
Eglise Baptiste Bethel
5780 W. Atlantic Ave   Delray Beach FL 33484
Phones : 561-452-8273 ; 561-498-2855

Iliana Dieujuste
2432 Indian Bluff Dr   Dacula, GA 30019
Phones: 954-773-6572 ; 954-297-4656

Seri 1- Evanjelizasyon

Lotè: Renaut Pierre-Louis

Avan gou

Depi Jezikri parèt nan listwa, yon kòlonn anj desann soti nan syèl la pou anonse bèje yo yon Bon Nouvèl kap fè kè tout moun kontan. An wetan Eròd ak tout ekip zenglendo li yo, tout moun te fou pou tande Bòn Nouvèl sa.

Bòn Nouvèl sa se te pou nou tou. E lè Jezi ap kite la tè, li di disip yo: ale bay Bòn Nouvèl la alaronnbadè. Depi nou komanse fè sa, map mache ak nou jouk sa fini.

Levanjil nap preche a, se li menm ki Bòn Nouvèl la. Nap sèlman bezwen konnen ak ki sa pou nou mache pou nou prezante li bay chak moun. Sa se djòb pa nou ak Sentèspri a. An nou ale!

Leson 1 - Evanjelizasyon An, Yon Kòmandman Nouvo-Tèstaman

Tèks pou prepare leson an: Mat. 24:14; 16:18; 28:16-20; Mak. 16:15-16; Jan. 3:13-36; 19:7; Tra. 1:1-14; File. 16

Tèks pou li nan klas la: Mak. 16:15-18

Vèsè pou resite: Epi li di yo: -Ale toupatou sou latè, anonse Bon Nouvèl la bay tout moun. Mak. 16:15

Fason pou anseye leson an: Diskisyon, Kesyon, konparezon

Bi leson an: Montre gwosè reskonsablite nou lè nou nan zafè preche Pawòl la.

Pou komanse

Dènye volonte yon moun kap mouri se pawòl ki pi sakre nan vi li. Li toujou konfye pawòl sa a moun ke li fè konfyans. Zafè preche pawòl la nan lemond antye se te dènye volonte Jezi ke li te konfye a onz zapòt yo avan ke li te monte nan syèl. Eske yo te fidèl a reskonsablite sa a? An nou wè sa.

1. **Evanjelizasyon an, se Bon Nouvèl pou tout moun.** Se yon sijè ki tou nivo nan Nouvo Tèstaman an. Jan. 19:7 Nou pa te konnen mo sa nan Ansyen Tèstaman an tankou mo sila yo tou: Predikasyon, batèm, renejerasyon, don Sen Espri. Lalwa Moyiz te regade sèlman pèp Izrayèl. Se te sakrifikatè, profèt ou byen yon jij, ki te la pou montre pèp la lwa sa.
2. Lè Jezi vini li bay Levanjil la pou tout moun. Mak. 16:15

II. Ki te bout li. 1:8
1. Si nap konsidere zòn: Levanjil dwe kòmanse preche a pati de:
   a. Jerisalèm: Sa se misyon lokal. Kay mwen, peyi kote mwen rete. Misyon nan travay mwen, nan lekòl mwen. Nou rele li Evanjelizasyon pèsonèl.
   b. Answit nan Jide: Sa vle di vil ki tou pre kay mwen. Sa se misyon pou de jou. Li pa gen twòp egzijans.
   c. Apwe sa nan Samari: Sa se misyon nan zòn ki pi lwen yo, ki mande pou depanse yon ti kòb anplis.
   d. Apwe sa se misyon jouk nan bout a latè: Sa se misyon nan peyi etranje. Misyon sa yo mande pou nou etabli kèk Seminè, Lekòl Biblik, Zèv Sosyal pou satisfè kèk bezwen moun nan zòn nan tèl ke lopital, klinik, lekòl, òfelina, fèm agrikòl, atizana.
   e. Sa mande tou yon administrasyon ki va kòz depans yo vin pi gwo.
2. Nan Kesyon kominikasyon li mande: Radyo, televizyon, satelit, enternèt, telefòn, bato, avyon, tout mwayen kominikasyon yo ki alamòd, Jezi te deja prevwa yo nan Mat. 28:20 ak nan Mak. 16:15

III. Pou ki moun levanjil te fèt
1. Pou moun rich tankou moun pòv.
   Filemon 16; Kol. 3:11
2. Pou moun save yo tankou moun sòt.
   Rom. 1:14
3. Pou blan, nwa, rouj tankou jón. Jan. 3:16

4. Pou gason tankou fanm. Ti moun tankou gran moun. Mak. 16:15

IV. Ki plas li nan lód revelasyon Bondye?
1. Se li ki te sizyèm revelasyon. Li genyen ladanl, etablisman ak afèmisman legliz avan dènye dispensasyon an ki se Revelasyon Bondye sou wayóm nan. Mat. 16:18; Tra. 2:1
2. Levanjil la dwe preche nan lemond antye avan JeziKri tounen. Mat. 24:14

Pou fini
Si ou vle fòse Jezi tounen pi vit, ale preche

Kesyon

1. Ki sa evanjelizasyon an vle di?
Yon Bon Nouvèl pou tout moun

2. Site mo nou jwen ki tout nouvo nan Nouvo Tèstaman : Batèm, Evanjil, preche

3. Pou ki moun la lwa Moyiz la te ye? Pou Jwif.
4. Pou ki moun levanjil tap preche? Pou tout moun nèt.
5. Ki kote levanjil dwe ale?
De Jerusalem jis nan kat kwen late

6. Kisa Jerizalèm vle di nan leson saa ? Kay nou

7. Kisa Matye Chapit 28 vèsè 20 aprann nou?
Jezi te deja prevwa tout mwayen kominikasyon pou fè levanjil preche.

Leson 2 - Nesesite Pou Fè Evanjelizasyon An

Tèks pou prepare leson an: Lik. 19:10, 40; Tra. 1:8; 4:12; 13:1-2; Rom. 1:16; 10:14-17; 1Kor. 1:22-24; 9:16

Tèks pou li nan klas la: 1Kor. 9:13-16

Vèsè pou resite: Tande byen, se pa yon lwanj pou mwen dèske m'ap anonse bon nouvèl la. Sa se yon obligasyon yo fè mwen. Malè pou mwen si m' pa anonse bon nouvèl la! 1Kor. 9:16

Fason pou anseye leson an: Diskisyon, Kesyon, konparezon

Bi leson an: Montre ijans ki genyen pou nou preche pawòl la.

Pou komanse

Preche levanjil vin tèlman ijan ke Jezi pwomèt ke lap ansanm ak ni monitè, ni predikatè kap preche ou byen anseye Pawòl sa jouk sa kaba. Mat. 28:20

I. **Ki nesesite li**
   1. **Se yon lòd ki pa gen jwèt la dan: Ifo gen moun yo voye pou sa.** Rom. 10:14-17
      a. Egzanp. Legliz ak Lesentèspri voye Pòl ak Banabas nan misyon. Tra. 13:2
      b. Sosyete misyonè a dakò ak moun yo voye a. Tra. 13:2
      c. Moun yo voye yo dwe gen yon manda: Se pisans Sentèspri a. Tra. 1:8; 1Kor. 1:22-24
      d. Moun yo voye yo dwe byen dispose pou sa. 1Kor.9:16
      e. Pa egzanp Pòl di: «mwen bliye pwòp tèt mwen. Mwen pa wont anonse Bòn Nouvèl la». Ro. 1:16

    f. Bondye bezwen temwen. Tra. 1:8; Lik. 19:40
    g. Mo temwen sa soti nan yon vèb grèk: Martirein ki vle di: Temwaye. Nan martirein' ou genyen martyr. Toutotan kretyen pa pèsekite, levanjil la ap manke fè pwogrè. Filip. 1:12-14

2. **Levanjelizasyon dwe fèt ak yon sèl bi: chèche sove nanm k ap pèdi yo.**
    a. Jezi te deja fè tout depans sou lakwa. pou sove nanm yo. Lik. 19:10
    b. Se sèl ak lanmò li sou kwa, li te prevwa pou delivre moun anba chenn peche .Tra. 4:12
    c. Vini Jezi sou la tè pou sove sila yo k ap pèdi a, fè dyab la fache anpil. Paske gras a evanjelizasyon, anpil nanm ap sove e yo pwal okipe plas li ki te rete vid nan syèl la. Rev. 12:12

3. **Levanjelizasyon se yon lòd kategorik**
    a. Kretyen an sove pou sèvi.
    b. Preche levanjil lan pa zafè pastè a sèlman, men se zafè tout kretyen sove yo, kap viv pa la fwa nan Kris la. Se lè sa nou ka rekonèt diferans ki genyen ant kretyen ak pwotèstan.

Pou fini
Piske lòd sa kategorik, piske Satan ap aji vit e ak kòlè, an nou al preche tout swit avan ke Bondye sonnen tronpèt pou anlve legliz.

Kesyon

1. Poukisa evanjelizasyon an nesesè?
   Paske Bondye bezwen temwen ak moun ki angaje tout bon pou al sove nam pèdi yo.

2. Kiyès ki chwazi moun pou voye nan misyon yo?
   Lesentèspri ak legliz

3. Poukisa?
   Pou delivrans nanm yo anba peche

4. Poukisa Satan fache konsa?
   Paske moun sove yo pwal okipe plas li te gen nan syèl la

5. Ki moun ki dwe preche levanjil tankou pastè a?
   Tout moun nèt ki sove.

Leson 3 - Disip Yo Nan Evanjelizasyon

Tèks pou le monitè: Lik. 10:1-24
Tèks pou la klas: Lik. 10:1-9
Vèsè pou resite: Men, nou pa bezwen kontan dapre move lespri yo soumèt devan nou. Fè kè n' kontan pito dapre non nou ekri nan syèl la. Lik. 10:20
Fason pou anseye leson an: Diskisyon, Kesyon, konparezon
Bi leson an: Montre rezilta pozitif yon kanpay devanjelizasyon

Pou komanse
Trè souvan kretyen yo kwè ke, pou yon misyon reyisi, fòk pastè a la. Jezi voye 70 disip nan misyon. Pa gen yon ki te pastè an tèt yo. Epoutan, misyon an te reyisi. Ki misyon li te ye la?

I. Yon misyon ki pat dire
1. Jezi te voye yo nan yon vil ki tou pre. Lik. 10:1
2. Se te yon misyon pou detwazè. Yo pat bezwen kòb pou peye otèl ak restoran. Lik.10: 4
3. Jezi te pase yo lòd pou pa pase kay zanmi, pou yo pat kontrarye misyon an. v. 4
4. Yon misyon ki gen limit pou preche de kay an kay. Disip yo ale de pa de. Sa fè nou kap konprann ke lè yonn ap preche lòt la ap priye nan kè l. Se te yon fason pou evite tout vye diskisyon. Konsa moun nan ki pa konvèti pi dispoze pou koute.

II. **Yon misyon byen ranje.** v. 5, 7, 9
   1. Disip yo pwal ale dezade kay moun yo. Yo gen dwa aksepte bwè ou byen manje kay mounn sa yo.
   2. Yo pwal geri malad e men mesaj yo pwal di: "*gouvènman Bondye a rive tou pre nou.*
   3. Yo pwal di '**shalom**' nan kay la ki resevwa yo
      a. Shalom se yon mo Ebre ki vle di: lapè. v. 5
   4. Sèlman yo pwal modi vil ki fè rebèl a mesaj yo. v. 11

III. **Yon misyon byen kontwole**
   1. Nan rapò yo pote ba Jezi de misyon yo a, disip yo pa manke fè fèt pou yo di yo kraze Satan anba pye. 10:17. Kòman eksplike sa?
      a. Pandan ke disip yo t'ap preche, Jezi t'ap priye. Konsa li dejwe tout pisans malen ki nan lè a ki ta ka kontrarye disip yo e dekouraje yo.
      b. Jezi deklare ke li te bay disip yo tout pouvwa; Men kounyea, se li ki gen kontwòl tout move zèspri ki anlè a.

Pou fini
Wè kòman disip yo te kòmanse nan travay misyonè a!
E ou menm, al fè menm jan tou.

Kesyon

1. Ki pastè ki te dirije misyon sa? Pa te genyen

2. Ki ròl dispi yo te genyen?
   Pou yo ale fè evanjelizasyon pèsonèl

3. Pou konbyen tan li te ye?
   Detwazè de tan

4. Ki objektif li te genyen?
   Geri malad, preche Pawòl la

5. Ki rezilta li te genyen?
   Pozitif: Yo gen viktwa sou Satan

6. Ki gwo sekrè misyon an?
   Jezikri tap priye

7. Kisa shalom vle di?
   Lapè Bondye ak nou

Leson 4 - Zapòt Yo Nan Evanjelizasyon

Tèks pou prepare leson an: Joz.5:12; Mak. 16:15-18; Lik. 9:46-52; Tra. 1:8; 5:5-8, 26-27; 7:59-60; 14:19; 19:12

Tèks pou li nan klas la: Tra. 1:1-11

Vèsè pou resite: Toulejou, yo te nan tanp lan, yo t'ap mache kay an kay, yo pa t' janm sispann moutre moun yo anpil bagay. Yo t'ap anonse Bon Nouvèl ki pale sou Jezikri a. Tra. 5:42

Fason pou anseye leson an: Diskisyon, Kesyon, konparezon

Bi leson an: Montre ki jan apòt yo te degaje yo nan misyon apre Jezi te monte nan syèl la.

Pou komanse

Aprè 3 zan seminè nan men dwayen yo rele Jezi a, zapòt yo te prepare pou komanse fè misyon. Ki sa ki te manke yo ankò?

I. **Yo te bezwen bay yon demonstraksyon pou kont yo.**
   1. Yo te deja kòmanse yon misyon nan yon ti bouk ki te tou pre yo san Jezi pat la. Lik. 10:1
   2. Men kounyea, Jezi pa la ditou, yo dwe fè pwòp eksperyans yo.
      a. Pa gen miltiplikasyon pen ak 5 pen e 2 pwason ankò. Jan. 6:9
      b. Pa gen kote pou yo dòmi gratis ankò. Lik. 9:52
      c. Pa gen zafè retire kòb nan vant pwason ankò pou peye enpo lokatif. Mat. 17:17. Se yon fason pou nou ka di sa: lamàn lan fini, degaje ou pou manje. Jozie. 5:12

3. Yo dwe sispann pran pòz ke yonn pi plis pase lòt. Lik. 9:46-48

II. **Yo te bezwen rekonèt kapasite yo**
1. Jezi te di ke yap gen pou fè pi gwo bagay pase li.
Kòm egzanp: Li nan Mk. 16:15-18 *(la, klas la ap fè kòmantè)* Ex: Konvèsyon de yon milye moun.
   a. Mouchwa Pòl la ak lonbraj Piè te geri yon bann malad. Tra 5:16; 19:12

II. **Yo te bezwen yon enstriksyon anpèmanans sou sa yo te konn fè**
1. Aprè anpil ane eksperyans nan mache preche, yo te tounen mèt se pa mèt dèyè biro men yo te maton nan travay mèt la, nan mitan pèsekisyon. Mat. 28:20
2. Yo chak te pran yon bò. Lik. 10:1
   a. Pyè ak Jan te gen pou temwaye pou Kris devan tribinal jwif yo te rele Sanedren an. Yo kenbe fèm nan lafwa yo nan Jezikri. **Kòm rezilta:** yo te roule yo anba chaplèt. Tra. 5:40-42
   b. Filip pral kite yon legliz kap byen mache nan vil Samari pou li ale sove nanm yon vwayajè sou rout Gaza. Lesentèspri te voye l jwen ak vwayaje saa kite yon enik nan peyi Etiopi. Se te minis finans rè'n Kandas. Tra 5:5-8, 26, 27
   c. Pòl ak Silas pral soti kite Antiòch jis yo rive bouk List Depi nan premye voyaj yo a, moun zònn nan te kalonnen yo ak kout wòch. Tra. 14:19

d. Jwif yo te kalonnen Etyèn anba kout wòch jis li mouri, pou tèt li tap preche yo Levanjil. Tra. 7:59-60

III. **Pwen komen yo**
1. Se pa te yon Sosyete Misyonè ki te la pou resevwa rapò yo san li pa te la pou pran kout baton ou byen pou yo manje prizon.
2. Se pa yon kay kote moun gen zanmi kap bay yo afeksyon ou byen pou chita fè djòlè.
3. Se pa yon biznis ki rantre lajan. Pwen komen an se te jèn ak lapriyè. Se te la sekrè pisans yo
   a. Tra.1:8; 2:1-4 Kòm pwen kòmen ankò, nou kap ajoute: Pèseverans nan Etid Biblik, nan adorasyon, nan kominyon frè ak sè. Tra 2:42, nan lanmou fratènèl yon gen pou lòt.

Pou fini

Se toujou menm Jezi a, menm Pawòl la, menm misyon ki a dispozisyon nou jodia. Map di ou yon lòt fwa ankò : an nou ale epi fè menm bagay la.

Kesyon
1. Ki sa disip yo te dwe fè pou moun wè konpetans yo?
   Yo te dwe ale nan misyon sèlman ak asistans Lesentèpsri
2. Ki sa Jezi te di yo pou'l ankouraje yo?
   Nou va gen pou nou fè pi gran bagay ke mwen
3. Kòman yo fè devni mèt?
   Akòz de pèsekisyon yo jwen nan travay la
4. Bay kèk egzanp.
   Pyè ak Pòl te pwan baton e yo te menm mete yo nan prison.
5. Ki pwen komen yo te genyen antre yo?
   Jen, lapriyè ak Etid biblik.

Lecon 5 - Estrateji Pou Fè Evanjelizasyon An

Tèks pou monitè: Mat. 28:19-20; Lik. 10:1-17; Tra.14:21-25
Tèks pou li nan klas la: Tra.14:21-25
Vèsè pou resite: Nan chak legliz, yo chwazi kèk chèf fanmi. Yo fè jèn, yo lapriyè. Apre sa, yo renmèt yo nan men Bondye, Seyè ki te gen tout konfyans yo a.Tra. 14:23
Fason pou anseye leson an: Diskisyon, Kesyon, konparezon
Bi leson an: Montre estrateji yo poufè moun konvèti

Pou komanse
Pou yon travay misyonè kapab fèt, nou dwe konsidere nan ki kote mesaj la pral preche, ki kalite mesaj ki pou preche e ki kalifikasyon moun nan ki pral preche a. Poutan gen kèk bagay ki pap janm chanje.

I. **Pa egzanp: Preparasyon pou misyon ki pral dire pou lontan**
   1. Nou dwe voye yon delegasyon misyonè.
   2. Dwe gen Etid ki fèt sou misyon nan tan lontan yo.
   3. Dwe gen ansèyman ki bay sou levanjelizasyon pèsonèl.
   4. Dwe pou gen tou anpil sèvis jèn ak la priyè.

II. **Preparasyon ki pou fèt lapoula**
   1. **Konferans sou evanjelizasyon.** De preferans nou fè etid an gwoup. Se yon fason pou nou kap gen yon lide sou kapasite evanjelis la, sou fason pou li abòde diferant kalite de moun ki pa konvèti yo:

Etid sou fason pou anseye leson sou evanjelizasyon yo
   a. Ki mesaj li ta dwe bay selon sikonstans yo: Eske nou nan yon moman twoub politik, yon moman grangou ou abondans, moman siklò'n ou moman fredi?
   b. Koman pou fè yon misyon lokal: Evanjelizasyon pèsonèl, vizit misyonè, distribisyon kèk bwochi.
2. **Yon evanjelizasyon an ekip**. Egzanp:
   a. Pòl ak Banabas ale ansanm nan yon premye vwayaj misyonè yo. Tra. 13:2
   b. Kounye a, nou wè se Pòl ak Silas ki nan yon dezyèm vwayaj.Tra. 16:25
   c. Apwe sa, nou wè Pòl li menm sèl nan yon twazyèm vwayaj misyonè li. Yon lè konsa nou te wè Apolòs kite vini asiste'l. 18:24-28
   d. Alafen, nou wè Pòl te sèl nan dènye vwayaj la.Tra.27:1
   e. Filip te kòmanse sèl nan Samari. Aprè sa Pyè ak Jean te vin ede li, paske bezwen an te vin pi gran.Tra. 8:5, 14

III. **Men yon lòt pwen ki genyen nan estrateji a:**
1. Se te fondasyon kèk legliz pou nouvo disip yo. Tra.14:21-22
2. Li te chwazi kèk responsab pou kontinye travay de fòmasyon sa. Tra. 14:23
3. Answit li te retounen fè kèk visit nan zòn ki deja pran levanjil yo pou fòtifye lafwa kwayan yo. Tra. 14:22; 15:36

IV. **Gen Lòt posiblite toujou:**
Yo pa obligatwa, men yo bon. Pa egzanp

1. Fè anons nan radio, pase anons sou papye de kay an kay
2. Mete pankat ak kèk slogan evanjelik nan kèk bout kwen.
3. Fè kèk envitasyon nan sèvis priyè yo, nan sèvis gerizon ak evanjelizasyon.
4. Twouve yon chan tèm pou yon kwazad evanjelik.
5. Mande konkou lòt legliz pou evanjelizasyon yon zòn.
6. Kontribye ansanm pou presentasyon yon pwogram nan televizyon.

Pou fini

Lè li te pwal kite disip li yo, Jezi pa te mansyone bagay sa yo, men tout te ladan nan Mak.16:15 Li sifi pou w rekonè ke Jezi plase w kòm administratè. Montre sa nou ka fè.

Kesyon

1. Ki preparasyon ki pou fèt pou tabli mysyon levanjil la? Ansèyman

2. Ki preparasyon nou dwe fè lapoula?
Jèn, lapriyè, konferans, fòmasyon ekip

3. Ki sa pou nou fè pou travay la kap kenbe?
Nou dwe fonde kèk legliz e prepare kèk lidè.

4. Site de lòt posiblite ki pa obligatwa.
Piblisite nan radio ak televizyon ak yon chan tèm.

5. Poukisa nou dwe fè etid an gwoup la?
Pou evalye preparasyon evanjelis yo.

Leson 6 - Divès Mwayen Pou Fè Evanjelizasyon

Tèks pou prepare leson an: Pwov.11:30; Mat.10:27; 11:28; Lik.10:17-18; Rom. 13:1-7; 2Tim. 4:1-4
Tèks pou li nan klas la: 2 Tim. 4:1-4

Vèsè pou resite: Fè konnen pawòl Bondye a, mache bay li san pran souf, nan tout sikonstans, tan an te mèt bon li te mèt pa bon. Bay tout kalite prèv, rale zòrèy, bay konsèy, moutre moun yo verite a avèk pasyans nèt ale. 2 Tim. 4:2

Fason pou anseye leson an: Diskisyon, Kesyon, komparezon

Bi leson an: Anvizaje mwayen nesesè pou genyen nanm yo pou Kris

Pou kòmanse
Lè n ap preche levanjil, nou dwe konnen ki tip de pechè ki devan nou. Konsa, nou dwe konnen ki metòd ki ale ak chak. Se tankou yon pechè pwason ki pa mete lak nan zen li dapre gou pa'l, men daprè gou pwason yo, nan ki jan de lak chak pwason mòde.

Esplikasyon
I. **Nan yon sans jeneral.** 2 Tim. 4:2
   Nou ka preche pawòl la nan tout sikonstans ki favorab ou ki pa favorab, menm nan peyi yo defann moun preche. Poutan labib mande pou'n obeyi otorite yo. Rom. 13:1
   Ki jan pou nou fè sa? Se la menm ou dwe konnen ki metòd pou anplwaye.

II. **Nan yon sans èspesyal.** Mat. 10:27
Jezi di pou nou preche anro tèt kay yo. Konpran n byen ke nan peyi Jezikri a, ou kap kanpe sou twati kay yo paske yo plat. Men li te vle di pou nou preche nan radyo, nan televizyon, anplenè, nan entènèt, nan tout fason pou moun yo ka wè nou ou byen ka tande nou. Nou fè predikasyon tou andedan legliz.
1. Ak bon predikatè, gwoup chantan, kèk bon solis nan yon kanpay devanjelizasyon. Answit, nou motive moun yo ak yon kokenchen piblisite.
2. Preparasyon konseye ki la pou ede pechè yo fè desizyon pou yo konvèti. Konseye sa yo dwe enstwi sou:
   a. Vèsè kle nan bib la ki gen rapò ak evanjelizasyon. Kòman mennen diferan tip de pechè bay Kris. Preparasyon kèk kat pou ranpli, kat ki gen non, adrès, ansyen relijyon, relijyon, legliz ou byen dominasyon moun nan vle a, paske men sa nou dwe sonje:
   b. Trè souvan, moun ki pa konvèti a chwazi relijyon li avan li chwazi Kris.
   c. Ou genyen pechè yo pou Kris e non pou legliz ou. Piga ou janm ba li enpresyon ke wap fè moun pou legliz ou, montre li ke ou enterese a delivrans li anba peche gras a san Jezi Kri.
   d. Toujou genyen kèk ti Nouvo Tèstaman pou bay a nouvo konvèti yo. Pote tou kèk ti bwochi ki enprime byen klè pou foul la kenben nan men yo.

3. Nou bezwen genyen plizyè ekip de priyè kap lapriyè avan, pandant e aprè konferans revey ou kwazad la, pandan tout tan ke sèvis la dire. Jezi te vini ak metòd sa lè li te voye disip yo nan misyon tandiske li rete nan lapriyè jiskaske yo te tounen. E kòm rezilta nou wè yo te kontan paske move lespri te soumèt devan yo. Men Jezi ki tap priye pou misyon an wè Satan ap soti nan syèl tonbe tankou yon kout zeklè. Lik. 10:17

Pou fini
Rèsous yo toujou la. Nou dwe sèlman jene, priye e preche Pawòl la.

Kesyon

1. Kilè e ki kote nou dwe preche?
   Nou dwe preche tout kote e toutan

2. Site 3 metòd devanjelizasyon.
   Reyinyon an plenè, radyo, televizyon

3. Ki devwa konseye yo?
   Aktive konvèsyon pechè yo

4. Site yon erè pou nou evite.
   Pran yon nanm pou nou ou byen pou legliz nou e non pou Kris.

Leson 7 - Metòd Pou Fè Kontak Ak Moun Nan Evanjelizasyon

Tèks pou prepare leson an: Pwov.11:30; Mat. 28:19-20; Mak. 16:15-16; Tra. 18:24-26; Ef. 5:19
Tèks pou li nan klas la: Ef. 5:18-20
Vèsè pou resite: Lè ou mache dwat, sa fè moun viv. Lè ou gen bon konprann, ou sove lòt moun.
Pwov. 11:30
Fason pou anseye leson an: Diskisyon, etid an gwoup,
Bi leson an: itilize tout mwayen ki onèt pou genyen nanm yo pou Kris.

Pou kòmanse

Mat. 28:20 ak Mak. 16:15 fè nou santi ke misyon kapab devlope gras a kèk mwayen de kominikasyon. An nou wè yo ansanm.

I. **Nan yon rapò de moun ak moun**
   A) **Nou kap fè korèspondans**
      1. Nou vle di Kou biblik gratis pa korèspondans pou moun ki ponkò konvèti
      2. Legliz la ka gen yon komite èspesyal pou ekri kèk bwochi nan lang moun yo nou pral preche a.

   B) **Nou kap fè gwoup pou etidye bib la san nou pa fè diskisyon**
      Nan gwoup sa nou kap sèvi ak yon Konkòdans, yon Kòmantè biblik ak yon Diksyonè biblik, ak kèk liv kretyen ki kapab ede nou nan rechèch nou yo.

1. Nou kap divize en ti gwoup tou kap fè rechèch:
   a. Pou konpare fason ke evanjelis yo prezante Jezi-Kri.
   b. Pou entèprete misyon Pòl yo.
   c. Pou evalye misyon modèrn ak William Carey, David Livingston, Adoniram Judson, Hudson Tailor.
   d. Pou fè kòmantè sou metòd Billy Graham, Benny Hinn, John Hagee ak Rod Parsley... itilize pou bay levanjil la.

C) Nou kap fè kèk ti envitasyon a dine a yon enkonvèti nan entansyon pou nou pataje pawòl la avèk li.

II. Nan rapò de yon moun ak tout moun

A) Nou chante chan evanjelik yo.
   1. Lè nap chante yo, se pa pou fè lwanj a yon konpozitè ou byen yon chantè, men se pou pote pechè a pran konsyans jouk li repanti.
   2. Konprann byen ke ***chan pòp ak ròk*** yo se panyen pese yo ye. Yo pa kapab kenbe bon dlo levanjil Jezi vle bay nou bwè a. Jer. 2:13

B) Nou bay mesaj yo nan radyo ou byen nan televizyon yo.
   Lè sa moun kap tande ak moun kap fè Tivi yo, yo lib pou yo tande jan yo vle pawòl la e yo ka menm tire pwòp konklizyon yo ou byen pran pwòp desizyon yo. Pouki sa? Se paske pawòl la pap tounen jwen Bondye san li pa fè yon efè. Eza. 55:11.

Evanjelizasyon an se yon ministè èspesyal. Pastè legliz la kap fè li yon lè konsa, paske li gen deja kont chaj andedan legliz. Li tap u toujou bon pou pastè a fòme yon ekip misyonè pou fè travay evanjelizasyon an. Men li bon tou pou pastè a fè yon pwogram pou li soti ak fidèl yo tou, menm si se pa toutan.

Pou fini

Chwazi Jezi-Kri dabò, metòd yo pwal fè chemen yo nan kè moun yo.

Kesyon

1. Site de gran metòd pou kontak
   Korespondans, etid an gwoup

2. Di de kalite etid an gwoup ou konnen.
   Etid an gwoup nòmal ak gwoup kap fè rechèch yo.

3. A kisa chan yo ta dwe sèvi?
   Pou pouse kèk nanm a konvèti.

4. Ki avantaj medya yo genyen?
   Li pèmèt pechè a pran desizyon pou kont li ak konsyans li.

5. Ki wòl pastè a nan zafè evanjelizasyon an?

6. Pwepare ouvwiye, fè evanjelizasyon an nan legliz la, epi pran swen mouton yo.

Leson 8 - Mesaj Evanjelizasyon An

Tèks pou prepare leson an: Mat. 11:11, 28; 25:10; Lik. 19:8-10; Jan. 3:30; Tra. 2:14, 36-38; 3:6-7; 4:8-12, 22, 33; 13:2; 5:40; 7:57-60; 18:11; 20:17, 31; 1Kor. 1:18-25; Rom. 3:23; 5:9; 6; 23

Tèks pou klas: 1Kor. 1:18-25

Vèsè pou resite: Men nou menm, n'ap fè konnen Kris yo te kloure sou kwa a. Pou jwif yo, sa se yon wòch k'ap fè yo bite. Pou moun ki pa jwif yo, sa se bagay moun fou. 1Kor. 1: 23

Fason pou anseye leson an: Diskisyon, Kesyon, konparezon

Bi leson an: Prezante mesaj la byen klè e wè nan ki bi ou vle rive.

Pou kòmanse

Li pa gen anyen ki pi senp ni ki pi enpòtan pase pawòl levanjil.

I. **Nan ki sans?**
   Se sou Jezikri Mesaj la baze.
   Sou lanmò li ak rezirèksyon li.
   Tra 2:36; 1Kor. 1:22-25
   1. Sou vèti ki gen nan san li. Rom. 5:9
   2. Sou peche nou ak tout konsekans li yo. Rom. 3:23; 6:23
      a. *Mesaj la dwe pou li dirèk*: Asistans lan dwe pou l santi ke mesaj la konsènen li. Tra. 2:14, 37-38
      b. *Mesaj la dwe byen apwopye.* Li dwe enspire de yon fè ki vre ki te pase ou byen kap pase kounyea... Tra.4:7-12

    c. *Mesaj la dwe tout senp.* Nan Mat. 11:28 Kris envite pechè a pou vini a Li, men se pa nan gwoup nou, ni bò kote nou, ni nan relijyon nou.
    d. Mesaj la dwe enspire pa Lesentèspri: Lasyans, literati pa kapab ranplase levanjil la. Tra. 4:8a

II. **Ki rezilta nap tann?**
1. *Moun gen pou konvèti.* Tra. 2:41; 4:4
2. *Gen mirak kap fèt nan non Jezi*: Sonje ke mirak la ap akonpanye mesaje a, men se mesaj la ki sove nanm nan. Jezi fè lwanj pou Jan Batis kòm predikatè pawòl la; epoutan li pa te fè okenn mirak. Sèlman, Jezi prezante li tankou pi gran òm ki soti nan vant yon fanm. *(Monitè a, konpare ministè Billy Graham ak ministè Benny Hinn: sonje Billy Graham pa gen don gerizon men li mennen plis ke milyon moun a Kris. Benny Hinn gen sitou don gerizon ak fe etid e li mennen anpil nanm a Kris).* Jezi di Jan Batis gran:
    a. Pou mesaj repantans li te preche a chèf politik e relijye nan tan li a
    b. Pou fwa li ak kouraj li te genyen pou kritike kòripsyon nan peyi a e sitou kondit Wa Erod. Mat. 3:4-11; 11:11; 14:1-14; Tra. 3:6-7; 4:22
    c. Pou imilite li: predikatè a dwe rete dèyè lakwa. Sa vle di li pa dwe ale pi lwen pase mesaj Jezi bay nou preche a ni fè grandizè. Jan. 3:30

3. *Gen reparasyon ki fèt tou*: yon fwa ou konvèti, ou konfese peche ou a Kris, ou dwe tout fè restitisyon. Sa vle di ou dwe repare domaj materyèl ou moral ke ou te fè a lòt moun. Lik. 19:10
4. *Yon gran gras te repose sou predikatè yo ak tout kongregasyon an.* Tra. 4:33
5. *Legliz te fonde.* Tra. 14:21-23; 18:11
6. *Dènye resilta a se Zèv misyonè ki dwe fèt.* Lèsa a, Legliz gen pou devwa pou soutni li.
7. *(Isit, monitè a ka ankouraje elèv yo demare kèk ti pwojè. Pa egzanp, mete inè de travay pa mwa pou soutni yon timoun, yon etidyan, ou yon egliz nan peyi pòv)*
8. *Nou ka ajoute tou Pèsekisyon*: Mesaj sa ka lakòz soufrans e maltrètman
    a. Yo te bat apòt yo. Tra. 5:40
    b. Yo touye Etyèn anba kout wòch. Se li ki te pwemye moun ki mouri kòm mati. Tra. 7:57-60
    c. Sòl antre nan kay moun pou dechouke yo. Tra. 8:2
    d. Yo te koupe tèt Jak, frè a Jean. Tra. 12:2
    e. Yo te mete Pyè nan prizon; men lesentèspri vin lage l. Tra. 12:3, 7-8

Piga ou kwè ke tablo a tris akòz pèsekisyon, paske san sa yo ki koule a, se angrè yo ye pou levanjil fè pwogrè. Se sa Tèrtilien, yonn nan fondatè legliz yo te di an palan de legliz yo. San pèsekisyon, legliz ap dòmi, kretyen yo vin neglijan. Mat. 25:5

Pou fini

Reveye nou, an ale preche! Se lòd mèt la bay nou!

Kesyon

1. Nan ki sans mesaj evanjelik la enpotan?
   Mesaj la dwe baze sou resireksyon Kris, sou vèti sans li, sou dega peche nou fè, mesaj la dwe dirèk, aproprye e senp.

2. Site 3 rezilta pozitif de evanjelizasyon.
   Moun konvèti, mirak fèt, legliz fonde.

3. Eske mirak ka ranplase mesaj la?
   Non. Sèl mesaj la ki sove nanm.

4. Ki premye mati ki te gen nan istwa legliz?
   Etyen

5. Site 3 apòt yo te pèsekite. Jak, Pyè, Pòl

Leson 9 - Evanjelizasyon Nan Fanmi Lan

Tèks pou prepare leson an: Det. 6:7; Mat. 11:28; Mak. 10:40-52; Jan. 6:1-15; 11:25; 14:27; Efz. 5:19-20
Tèks pou klas a: Efz. 5:19-20
Vèsè pou resite: Lè n'ap pale yonn ak lòt, sèvi ak pawòl ki nan sòm yo, nan kantik yo, ak nan chante Lespri Bondye a moutre nou. Chante kantik ak sòm pou Seyè a lè n'ap fè lwanj li ak tout kè nou. Efez. 5:19
Fason pou anseye leson an: Diskisyon, Kesyon, konparezon
Bi leson an: Prepare kretyen nan chak fanmiy pou chèche genyen nanm pou Kris.

Pou kòmanse

Me nou nan Jerizalèm, mwen vle di, fanmiy lan, premye kote pou evanjelizasyon an komanse. Ki jan pou nou fè sa? Se premye pa ki konte. E se li ki pi difisil!

I. **Nou dwe kòmanse ak devosyon nan fanmiy nan**
   1. **Se yon devosyon byen dirije**: Pasaj yo ki nan bib la dwe akòde. Nou kap chwazi lèkti pa egzanp sous sijè sa yo:
      a. Mirak Jezi yo. Mak. 10:46-52
      b. Delivrans pechè yo, kèlkeswa kondisyon yo ye. Mat. 11:28; Jan. 11:25
      c. Lafwa. Jan. 6:47
      d. Lapè. Jan. 14:27
      e. Obligasyon pou vin jwen Kris. Mat. 11:28
      f. Miltiplikasyon pen yo. Jan. 6:1-15

2. **Tout moun dwe patisipe nan devosyon sa**
   a. Chak moun ap li yon vèsè. Depi davans, nou chwazi tèks ki byen klè pou chak moun kapab fè ti kòmantè sou li apwe yo fi-n li. Efz. 5:19
   b. Nou ka menm eksplike chan yo avan nou chante yo pou tout moun kap edifye nan yo.
   c. **Yon devosyon ki fèt ak pwensip**: Nou ka adopte ti fèy **Lekti Kotidyen** ki va pèmèt nou li tout bib la nan yon sèl lanne.

II. Etid Biblik

1. Fanmiy lan ka antann yo pou aprann yon sòm pa mwa ou byen yon chan pou fanmiy an chante nan asanble a. Konsa, Satan pwal gen mwens chans pou li vin simen latroublay ak divizyon.
2. Papa ou byen manman an ka kole kèk vèsè kle nan pye bwa sou lakou a, nan twalèt, nan lakizin...Se yon fason ke tout moun ka wè'l, yo ka li'l san jefò. Det. 6:7
3. Paran yo tou kap jwe kasèt chan levanjil ou byen pase kasèt mesaj lakay yo ou byen nan machin yo. Sa va ranplase vye chan diobolodo yo ak vye panse malen an ka mete nan kè ti moun yo. Det. 6:7
4. E ki sa ki pwal anpeche papa fè yon orè pou devosyon nan fanmiy nan? Li kap mete yon moun pou chak jou, selon kantite moun ki kap dirije kil la nan fanmiy nan.
5. Jèn ak lapriyè nan kay la prepare fanmiy nan pou genyen kèk nanm pou Kris.

III. Bagay ki rann sèvis nan evanjelizasyon pa fanmiy nan

1. **Solidarite pami paran yo**: ni papa ni manman an dwe montre yon gran enterè nan zafè levanjil la. Konsa timoun yo va imite yo san pwoblèm.
2. **Paran ou byen timoun yo ki konn li.** Yo dwe fè lèkti pou lòt yo ki pa konn li a, ou ki paka li a.
3. **Tan disponib**: Manb fanmiy an ta dwe adopte yon lè pou lapriyè.
4. **Demokrasi:** Paran yo dwe ankouraje e aksepte ke tout moun pale, e tout moun priye. Sèlman yo pal priye long.

Pou fini
Fanmiy levanjil mwen yo, sonje ke delivrans lemond pèdi a se nan men nou li ye.

Kesyon

1. Kisa Jerizalèm lan reprezante?
   Fanmiy an, kote ou rete

2. Kòman devosyon an dwe ye?
   Li dwe byen dirije, tout moun patisipe, li dwe fèt ak pwensip

3. Kisa ki prepare fanmiy lan plis pou evanjelizasyon? Jèn ak lapriyè.

4. Site kèk bagay ki ede nan evanjelizasyon an.
   Konesans Pawòl la, solidarite paran yo, tan yo dispoze.

Lecon 10 - Evanjelizasyon Moun Kap Adore Zidòl Yo

Tèks pou prepare leson an: Sòm. 34:8; Es. 2:18; Mat. 6:9; Mak. 16:17; Lik. 9:59-60; Jan. 4:24; 8:29-36; 1 Jan. 5:19; Rom: 8:1; 2Kor. 5:17; Kol. 2:14-16

Tèks pou li nan klas la: Jan. 8:29-36

Vèsè pou resite: Si Pitit Bondye a ban nou libète, n'a lib tout bon. Jan. 8:36

Fason pou anseye leson an: Diskisyon an deba, Kesyon

Bi leson an: Montre kòman abòde moun enkonvèti kap adore zidòl yo

Pou kòmanse

Pou kap rekonèt yon pechè ki nan idolatri se yon bagay fasil: "Bib la di: Fason ou pale deja fè wè sa ou ye". E se dapre sa ki soti nan bouch yo menm, ke evanjelis la va kòmanse yon dialog ou yon mesaj pou li mennen'l ba Kris.

I. **Jeneralman, vodouyizan an pa pale de Bondye, men de gran mèt la**
   1. Di li Gran Mèt sa se Bondye Papa nou ki nan syèl la. Li voye pitit li JeziKri pou sove nou nan mond sa. Se pou tout moun adore li an espri e an verite. Konsa tout idòl dwe disparèt devan figi'l. Eza.2:18 Mat.6:9; Jan.4:24
   2. Satan pisan men li gen limit, Jezi li tou-pisan e li san limit Mat 28:19; Jan. 3:3
      1. Lwa yo, zanj rebel yo egzèse pouvwa yo :
         a. Sou moun ki kwè nan yo, ki kwè nan relijyon ou byen nan bon zèv yo. Efz. 2:9. Nou pa gen redevans ni anvè mò

ni anvè lwa. Kretyen an vivan gras a limyè Lesentèspri pou sèvi Jezi. Lik. 9:59-60
   b. Sou sila yo ki ponkò resevwa Kris. 1Jan. 5:19
2. Kretyen an pa pè demon. Li chase yo nan non Jezi. Mak. 16:17
3. Pechè ki konvèti a delivre anba pouvwa lwa ak move lèspri. Rom. 8:1; 1 Jan. 5:19

II. **Pou idolat la, Li genyen plizyè kalite nan yo**
   1. **Bigòt katolik yo:** Yo kwè nan Trinite, men yo adore Mari kòm medyatris ant Bondye ak lòm. Yo kwè nan yon sen patwon ki pou fè yon bagay pou yo. Jan. 14:6. Di yo ke Jezi se sèl medyatè ant Bondye ak lèzòm. Sòm 34:8; 1 Tim. 2:5
   2. Bondye gen zanj pou sèvi Li. Men Li pa vle wè moun adore èstati. Eb. 1:14
   3. **Idolat yo:** Yo pote sou yo kèk **pwoteksyon ou kèk wanga** (chaplè, meday sen pwotektè, eskapilè. Yo rache paj Sòm 91 nan bib la pou fè dite. Yo fè siy lakwa lè loraj ap gwonde. Yo frape gran pòt pwensipal legliz la a midi, pou reveye sen pwotèktè kap domi pou yo leve l epi pou'l reponn priyè yo.
   4. **Vodouyizan** yo: Yo mete grenn madyòk sou timoun yo, ou byen yo "koupe gad", yo mete jipon ki gen 3 ou 7 paman ak yon moso sak 'kòlèt' ki gen bòdi, yo depoze kafetyè kafe ak pen sou tonb mò chak 2 Novanb, yo bay "babako" a papa Leba, dye afriken yo pou li beni rekòt yo. Yo fè fèt sa le 6 Janvye ou "leWa". Yo jete dlo nan 4 kalfou avan yo ale

nan vwayaj pou yo chase move lèspri yo. Yo konn kondi yon nevè-n pou anpeche dèfen an tounen vi-n kase kou yo. **Di yo:**

1. Jezi vini pou li libere yo anba antrav sa yo. Jan. 8:36; Rom. 8:1
2. Bagay ou te konn fè yo pa fè yo ankò. Jezi te peye pou sa yo deja. 2Kor. 5:17
3. Li te peye dèt peche nou yo sou lakwa. Kol. 2:14-15
4. Bondye pa sove demen se jodia menm. Delivrans la se kounye a, li pèsonèl e li gratis. Bon zèv pap sove-w. Jezi sèl sovè! Pwov.27:1; Lik.23:43; Ef.2:9; Eb.4:6-7
5. Liv maji yo (*Anj Kondiktè, Lapoul Nwa, Dragon Rouj, Tit Albè, Grant Albè, Emanyèl Sòsye*) yo la pou fè mal. Labib se liv lavi a. Jezi ap padone peche nou. Vini jwen li. Mat. 11:28; 1 Jan. 17

Pou fini:
Pa ale pou diskite ak pechè a. Preche e kite rès travay la sou kont Lesentèspri

Kesyon

1. Ki non vodouyizan yo ba Bondye? Gran Mèt
2. Konpare Jezi a Satan: Satan pisan e limite. Jezi li, li Tou Pisan e li san limit.
3. Sou ki moun dyab la egzèse pouvwa li?
   Sou moun ki pa kretyen
4. Ki sa yo di a moun k ap adore Mari yo?
   Jezi se sèl medyatè ki gen ant Bondye e lèzòm

5. Ki sa pou di a moun k ap adore zidòl yo?
   Bondye se espri li ye. Se pou moun k ap adore l, adore li an espri e an verite.

Leson 11 - Evanjelizasyon Jwif Yo

Tèks pou prepare leson an: Jij. 2:11-13; 3:5-7; 1 Sam. 8:5-7; 1 Roi. 12:28-30; 2 Wa. 17:7, 22-23; Es. 42:4; Jan. 1:17; 3:16; 3:36; 14:6; Tra. 2:38, 41; 15:10-11; Gal. 3:24-25; Eb. 4:7, 9

Tèks pou li nan klas la: Jan. 1:14-17

Vèsè pou resite: Bondye fè Moyiz ban nou lalwa. Men, se Jezikri ki fè nou konnen renmen Bondye a ansanm ak verite a. Jan. 1:17

Fason pou anseye leson an: Diskisyon an, Kesyon

Bi leson an: Fè obsèvatè lalwa yo aksepte Jezi kòm Mesi a

Pou kòmanse

Kiyès ki pwal retire moun sa yo anba jouk Lalwa? Sèl Lesentèspri ki kapab fè sa. Dayè, yo kanpe sou yon sèl bit: "Ou pa dwe gen lòt Dye devan fas mwen." Ak sèl vèsè saa, Jezi deja two bon pou yo touye l. Malgre sa, gen yon metòd pou abòde sijè sa ak yo.

I. **Tout dabò: Prezente yo nan ki bi Bondye te bay Moyiz lalwa pou pèp Izrayèl.**
   1. Montre a Izrayèl sentete Bondye kòm yon modèl de pèfeksyon. Sòm. 19:8
   2. Presente a Izrayèl fason Bondye te deside revele Li: (Se te atravè 7 dispansasyon yo)
   3. Enstri Izrayèl pou ke li devni modèl, yon limyè pou lòt nasyon yo. Eza. 49:6

II. **Raple yo sa ki te kòz esklavaj Izrayèl nan Asiri e Juda nan Babilòn.** 2 Wa. 17:6, 7, 22, 23
   1. Izrayèl te fè fayit paske li te pito chèche sanble ak nasyon payen yo. 1 Sam. 8: 5-7
   2. Li te bandonen Letènèl pou li adore zidòl yo. Jij. 2:11-13; 3:5-7; 1 Wa. 12:28-30

III. **Pale yo de profesi yo ki konsène misyon JeziKri a**
   1. Li pwal vini ak pwòp dispozisyon li pou'l sove lemond antye. Eza. 42:4
   2. Moyiz te bay lalwa, Jezi vini ak lanmou ak lagras. Jan. 1:17. Se de bagay diferan: Ak Kris, bagay ansyen yo pase. 2Kor. 5:17
   3. Adan te peche. Moyiz te peche. yo tou le de pèdi match la. Jezi te blije desann. Li vini nan yon kò tankou pa nou an, pou vin repare fòt Adan. Li vin sove nou .Li bay nou rezidans nan Jerizalèm selès la pou nou kapab menm kote avè'l. Jan 1:14; Eb. 4
   4. Li pa te vini pou bati yon legliz ak wòch ke lèzòm te kap kraze, men li bati legliz envisib, legliz inivèsèl la ak san li. Pèson pa kabap kraze'l. Jezi se ti mouton Bondye te voye a pou yo touye'l nan plas nou, pou sove nou anba peche. Mat. 16:18; Ef. 5:23

IV. **Presente yo repons Pyè a nan konferans Jerizalèm nan. Tra. 15**
   1. Pèp Izrayèl la pa te janm ka respèkte lalwa, se pou sa ke Jezi te vini ak lagras e la verite. Tra. 15:10-11
   2. Pa gen moun ki vin jwen Bondye gras a lalwa, men gras a Jezi. Jan. 14:6

3. Lalwa se te mwayen pou mennen nou a Kris. Gal.3:24-25

V. Montre avantaj lagras yo
1. Jezikri Pitit Bondye vin libere nou anba lalwa e anba pisans malen an. Jan. 8:36; 1 Jan. 5:19
2. Nou gen lapè ak Bondye e nou jwen favè Bondye a grenmesi Jezikri. Rom. 5:1
3. Peche nou yo padone. Sa se bagay lalwa pa te ka fè. Lik. 5:21; Tra. 2:38
4. Nou gen lavi etènèl nan Jezi Kri. Sa ke lalwa pa te ka fè. Jan. 3:16, 36
5. Tout kretyen resevwa pisans Lesentèspri. Lalwa pat gen pwovizyon sila. Tra .2:38

VI. Mete aksan sou premye diskou Piè nan jou Lapankòt la
1. 3000 Jwif te abandone lalwa Moyiz la e yo te vin kwè nan Jezi-Kri. Tra. 2:41
2. Legliz te fonde sou lanmò e rezireksyon Jezi-Kri. Tra.3:15-16

VII. Jou delivrans lan pa ni yon samdi, ni yon dimanch non plis. Se jodi a. Eb. 4:7
1. Jou ke ou aksepte Jezi a se jou sa ki jou delivrans ou.
2. Vrè Saba yon kretyen se Jezi. Li di vini jwen mwen, mwen pap ba ou *yon jou repo*, men ma ba ou repo. Mat.11: 28; Eb. 4:9

Pou fini
Sèl Lesentèspri kapab konvenk yon pechè. Evite diskisyon ki la pou mennen joure ak batay. Preche, preche, preche enkò. Pa sispan preche.

Kesyon

1. Ki wòl lalwa pou pèp izrayèl la?
   Montre Izrayèl kòman Bondye li sen.

2. Ki wòl lalwa pou kretyen an?
   Se te yon metòd pou kondi nou a Kris

3. Ki vrè koz esklavaj izrayèl?
   Yo te adore zidòl

4. Konbyen Juif ki te konvèti jou Lapankòt la?
   Twa mil (3000)

5. Ki jou ki jou delivrans la samdi ou byen dimanch?
   Se pa ni yonn ni lòt. Se jou ou aksepte Kris kòm sovè pèsonel ou.

6. Ki kote nou ka jwen repo, nan Samdi ou nan dimanch?
   Se pa ni nan yonn ni nan lòt. Se nan Jezi Kri sèl.

Leson 12 - Pawol Kwochi Pou Nou Evite Nan Evanjelizasyon An

Tèks pou prepare leson an: Mat. 11:28; 22:9-10; Lik. 15:18-21; 23:43; Tra. 13:2; Ròm. 3:10-11; 1 Tim. 1:15; 2 Tim. 3:14-17; Fil. 4:22

Tèks pou li nan klas la: 2 Tim. 3:14-16

Vèsè pou resite: Tou sa ki ekri nan Liv la, se nan Lespri Bondye a yo soti. Y'ap sèvi pou moutre moun verite a, pou konbat moun ki nan lerè, pou korije moun k'ap fè fòt, pou moutre yo ki jan pou yo viv byen devan Bondye. 2 Tim. 3:16

Fason pou anseye leson an: konpetisyon, Kesyon

Bi leson an: Evite entimide pechè a pou sa pa retade konvèsyon li.

Pou komanse

Trè souvan nou pèdi yon nanm akòz de yon move apròch nou fè sou li ou byen akòz prejije nou gen envè pechè a. Me erè yo nou dwe evite a:

I. **Si wap preche mousye levanjil, se tan 'w wap pèdi**

Se yon moun ki gen kè di kon wòch; se yon mokè, yon kriminèl ou byen se yon makout, yon zenglendo, yon lavalas, ou byen se yon moun ki pa kwè nan egzistans Bondye...li pap janm konvèti.

Pòl te di de tèt pa li: Li se premye pechè donk, tout lòt apwe li se dezièm. Si Bondye te sove premye a, li kap sove dezièm nan tou. 1Tim. 1:15

II. **Moun Rich yo pap ka rantre nan syèl la**
   Si se te vre, kote Abraram ye, David, Salomon moun sa yo Bondye te fè rich? Sonje ke nan Jan twa sèz Bib la di: Nenpòt moun ki kwè ap gen la vi etènèl. Nenpòt, nenpòt! Jan. 3:16

III. **Se tan w ap pèdi si ou preche militè. Moun sa yo pa pwale nan syèl**
   Kèk militè kretyen te Gald kò lanperè Seza. Fizi yo pote ya se travay yo yap fè. Sonje Jezi te di "piga nou jije". Fil. 4:22

IV. **Nèg sa twò byen edike li pa nesesè pou preche li levanjil**
   Se sakrifis Kris la ki sove, se pa bòn edikasyon pèson. Eza.64:5; Rom. 3:10-11

V. **Men entèl, ale preche l levanjil, li bezwen Jezi.**
   Koman ou fè konn sa? Se lèspri ki gen dwa voye moun al preche yon nanm. Se pou 'w kite moun nan lib pou fè chwa li. Tra. 13:2

VI. **Kan ou konvèti ou pwal fini ak mizè?**
   Nan yon sans wi, paske peche ou yo padone. Ou pa esklav Satan ankò pou fè ou tounen zonbi ou byen pou fè chwal pou jan-y rebèl ap danse nan tèt ou. Lè ou konvèti ou va gen soufrans ou pat janmen genyen, men ou va gen viktwa ou pa tap janmen konnen. Se Jezi sèl ki bay nou viktwa sou Satanlediab, le mond, ak demon la chè. Jan.15:18-21; 2Tim.3:12

VII. **Ede tèt ou avan pou syèl la kap ede ou**
   Se yon pawòl depi nan tan lontan ki ankouraje Sali pa bòn zèv. Konnen ke delivrans nou pa soti nan

jefò nou, men nan sakrifis san Jezi Kri sou bwa lakwa pou mwen menm avè'w. Jan. 19:30; Ef. 2:8

VIII. **Vini jwen Jezi jodya e yon jou wa sove.** Lik. 23:43
Bon laron sou lakwa a te sove menm jou a. Jezi te byen di sa: Jodi a menm ou pwal nan paradi ak mwen. Si li pa nan paradi, Jezi pa ladan l tou.

IX. **M'ap preche ou Jodi a ak espwa ke yon jou wa konvèti** Chwazi Jezi pa yon desizyon **se si ou vle,** men se yon obliGalsyon. Eb. 2:3

X. **Kite lwa, kite lavyèj Mari, kouri vini jwen Jezi**

XI. **La se pa yon mesaj se yon pwovokasyon.**
Reyaksyon an ka brital. JeziKri pa mande pou kite anyen. Mesaj li a pozitif. Li di: Vini jwen mwen ak tout fatig ou yo, ak tout fado ou yo...mwen va bay ou repo. Math. 11:28

Pou fini:
Bay Lesentèspri tout plas nan nou pou travay mèt la kap fèt e pou glwa rete pou Li menm sèl.

Kesyon
1. Di de (2) moun rich ki nan paradi: Abraram, David
2. Vrè ou fo?
    a. Militè yo p'ap ale nan syèl. ___V ___F
    b. Delivrans la se kounye a, e li pèsonèl. _V __F
    c. Kan ou konvèti w'ap fini ak soufrans. __V __F
    d. Yon moun byen edike deja sove. __V __ F

REVIZYON VESE YO

| Leson | Tit leson yo | Vèsè |

1. **Evanjelizasyon An, Yon Kòmandman Nouvo-Tèstaman.** Mak. 16:15
   Epi li di yo: ale toupatou sou latè, anonse bòn nouvèl la bay tout moun.
2. **Nesesite Pou Fè Evanjelizasyon An.** 1Kor. 9:16
   Tande byen, se pa yon louanj pou mwen dèske m'ap anonse bòn nouvèl la. Sa se yon obligasyon yo fè mwen. Malè pou mwen si m' pa anonse bòn nouvèl la!
3. **Disip Yo Nan Evanjelizasyon.** Lik. 10:20
   Men, nou pa bezwen kontan daprè move lespri yo soumèt devan nou. Fè kè n' kontan pito daprè non nou ekri nan syèl la.
4. **Zapot Yo Nan Evanjelizasyon.** Tra. 5:42
   Toulejou, yo te nan tanp lan, yo t ap mache kay an kay, yo pat' janm sispann montre moun yo anpil bagay. Yo t'ap anonse bòn nouvèl ki pale sou Jezikri a.
5. **Estrateji Pou Fè Evanjelizasyon An.** Tra. 14:23
   Nan chak legliz, yo chwazi kèk chèf fanmiy. Yo fè jèn, yo lapriyè. Aprè sa, yo renmèt yo nan men Bondye, Seyè ki te gen tout konfyans yo a.
6. **Divès Mwayen Pou Fè Evanjelizasyon.** 2 Tim. 4:2
   Fè konnen pawòl Bondye a, mache bay li san pran souf, nan tout sikonstans, tan an te mèt bon li te mèt pa bon. Bay tout kalite prèv, rale zòrèy, bay konsèy, montre moun yo verite a avèk pasyans nèt ale.

7. **Metòd Pou Fè Kontak Ak Moun Nan Evanjelizasyon** Pwov. 11:30
   Lè ou mache dwat, sa fè moun viv. Lè ou gen bon konprann, ou sove lòt moun.

8. **Mesaj Devanjelizasyon An.** 1Kor. 1:23
   Men nou menm, n'ap fè konnen, Kris yo te kloure sou kwa a. Pou Jwif yo, sa se yon wòch k'ap fè yo bite. Pou moun ki pa jwif yo, sa se bagay moun fou.

9. **Evanjelizasyon Nan Fanmi Lan** Efz. 5:19
   Lè n ap pale yonn ak lòt, sèvi ak pawòl ki nan sòm yo, nan kantik yo, ak nan chante Lespri Bondye montre nou. Chante kantik ak sòm pou Sèyè a lè n'ap fè louanj li ak tout kè nou.

10. **Evanjelizasyon Moun Kap Adore Zidòl Yo** Jan. 8:36
    Si pitit Bondye a ban nou libète, na lib tout bon.

11. **Evanjelizasyon Jwif Yo** Jan. 1:17
    Bondye fè Moyiz ban nou lalwa. Men se Jezikri ki fè nou konnen renmen Bondye a ansanm ak verite a.

12. **Pawòl Kwochi Pou Nou Evite Nan Evanjelizasyon An.** 2Tim. 3:16
    Tout sa ki ekri nan liv la, se nan lespri Bondye a yo soti. Y'ap sèvi pou montre moun verite a, pou konbat moun ki nan lerè, pou korije moun k'ap fè fòt, pou montre yo kijan pou yo viv byen devan Bondye.

Seri 2 - GASON MECHAN YO NAN BIB LA

Avan Gou

Se pa yo sèl ki te mechan. Dayè, eske kondisyon yo a, se pa konsekans peche li te ye? Piske tout moun fè peche, tout moun te merite chatiman peche yo. Bi liv sa se pou l konsidere nan ki nivo mechanste kèk moun rive, yon fason tou ki pwal pèmèt nou wè yon remak nan karaktè nou, lè malen an rive pouse nou fè sa ki mal.**'Gason Mechan Yo Nan Bib La'** pwal ede nou reflechi sou konpòtman nou antan ke manb yon fanmiy, ou byen nan yon asosyasyon, pou'n korije, omwen ti defo nan tanperaman nou ki antrave pafwa relasyon nou genyen ak lòt moun. Ke liv sa fè wout li nan lavi nou pandan ke n ap priye pou wou e pou tèt pa nou tou.

Pastè Renaut Pierre Louis
Lotè liv la

Leson 1 - Kayen, Premye Kriminèl La

Tèks pou prepare leson an: Jen. 4
Tèks pou li nan klas la: Jen. 4:6-10
Vèsè pou resite: Seyè a mande Kayen. Kote Abèl, frè ou la? Kayen reponn. Mwen pa konnen. Eske ou te mete m' veye l'? Jen. 4:9
Fason pou anseye leson an: Istwa, konparezon, Kesyon
Bi leson an: Montre gwo konsekans ki genyen nan jalouzi ant moun nan menm fanmiy.

Pou kòmanse

Se yon bagay ki klè, ke diferans de sitiyasyon ou byen de pozisyon konn pouse jalouzi jiskaske li mennen moun fè krim. Men ki jan Kayen te fè touye Abèl.

I. **Ki jan Abèl mouri?** Jen. 4:8
   1. Kayen ak Abèl se te pitit Adan ak Ev.
   2. Yo t ap viv ansanm e yo te resevwa menm edikasyon.
   3. Kayen se te kiltivatè e Abèl yon gadò mouton. Jen. 4:2
   4. Yo chak te konn kòman satisfè redevans yo anvè Bondye. Lè Abèl prezante ofrann li, Bondye aksepte'l. Men lè Kayen te prezante ofrann pa li, Bondye pa te aksepte l. Jalouzi monte nan kè li e li touye frè li Abèl. Bondye blame Kayen e pwononse chatiman kont li.

II. **Detay sou lanmò a**
   1. Kayen te deja reflechi sou krim li pral fè a. Se Jenèz 4 vèsè 7 la ki detaye atitid kriminèl la nan kè li: Visaj li boulvèse, li tris akòz benediksyon

frè li te jwen; L'ap medite, li lwen, li pa konnen kisa li ta fè ojis. Se atitid yon moun ki pa dispoze tande ke pwòp tèt li sèlman, sa vle di ki pa dispoze pran okenn konsèy.

2. Petèt ke paran li yo te blame'l pou erè li a, e menm lè saa, yo te fè kòmantè sou benediksyon Abel te jwen. Sa te rann Kayen pi dechennen toujou. Finalman, Abèl devni pou li yon lèdmi. Fòk li elimine l. Ki lè? koman? Ki kote? E kisa li ta dwe fè ak kò a paske pa te gen Antrepriz Finèb nan tan sa?

   a. Ki lè? Fok paran yo pa la e fòk pa gen moun kap gade.
   b. Koman? Li pwal envante premye rach de gè a pou touye Abèl.
   c. Ki kote? Nan zòn kote frè l la p'ap ka defann li. Donk Kayen antre nan raje a, li mare batay avèk frè li, e li asasinen l. v. 8

III. **Santans la**

1. Lè Bondye ap fè lenvantè pou jounen an, li wè gen yon kò ki manke l. Lè li mande Kayen koze, mouche di "bagay sa pa regade l. Se pa biznis li. v. 9.

2. Pwensip enterògasyon egzije ke ou poze Kesyon a dènyè moun ki te ak viktim nan, ke se swa paran ou non. Jen. 4:9. Lè Kayen reponn pou li di: "Eske se mwen ou te mete veye l? " li deja akize pwop tèt li. Li ta dwe sezi lè li ta tande yap chèche yon sèl frè li genyen e yo pa wè l. Si li pat gen tèt chaje pou sa, se paske li konnen kote kadav la ye.

3. Bondye pwononse santans li
   a. Ou pwal gen annwi nan tout sa w'ap fè.
      v. 11-12
   b. Bonnanj frè ou a pwal swiv konsyans ou.
      v. 12
   c. Bondye anpeche l mouri pou l ka peye krim li fè a. v15
   d. Kayen vin fou. Li tankou yon vagabon. Li paranoy. Li kwè nenpòt moun ki jwenn li ka touye'l. v. 14

Pou fini

Mechanste a se yon pwazon li ye nan kè. Pèson pa ka kontwole dega li kap fè. Sèl Bondye ka delivwe nou anba dominasyon l. Peche se devan pòt kè nou li kouche. Bat pou nou domine l, Kayen te pèdi chans li an, an nou bat pou nou pa pèdi pa nou an.

Kesyon

1. Ki moun Kayen te ye?
   Pitit Adan ak Ev e frè a Abèl
2. Poukisa li te touye Abèl? Akòz jalouzi
3. Eske li te ka fè yon lòt bagay?
   Wi, Bondye te bay li mizangad pou li pat fè mal
4. Ki atitid li te genyen?
   Li te fache, toumante, li te tris
5. Ki kote l te touye frè li a?
   Lwen paran, men devan Bondye
6. Kisa li te pran kòm eskiz li?
   Eske se mwen ou te bay gade l
7. Ki santans Bondye te ba li?
   Li bay Kayen madichon ak tout sa li genyen.
8. Ki sa Kayen te devni?
   Li te vin fou. Toutan lap leve kouri, Li te kwè moun tap pousib li.

Leson 2 - Frè Josèf Yo, Yon Bann Zenglendo

Tèks pou prepare leson an: Je. 37; 41:14-47; 42:21-22

Tèks pou li nan klas la: Je. 37:1-4

Vèsè pou resite: Lè frè l' yo wè jan papa yo te renmen Jozèf plis pase yo, yo pran rayi l'. Yo pa t' louvri bouch avè l' san yo pa joure l'. Je. 37:4

Fason pou anseye leson an: Istwa, Konparezon, Kesyon, Desen, video

Bi leson an: Pa montre nou renmen yon pitit pase lòt pou evite jalouzi.

Pou komanse

Si ou renmen, se nomal pou ou jalou, men pa kite jalouzi fè ou fè tenten. Kisa frè Jozèf yo te fè?

I. **Yo te rayi Josèf, pwòp frè yo.**
   1. Pou yon bèl kostim papa li Jakòb te bay li. Jen. 37:3, 23
   2. Paske Jakòb te tolere li. E tou li te toujou ap rapòte bay papa sa lòt yo te konn ap fè. Konsa yo te rayi'l plis toujou. Jen. 37:2
   3. Paske yo te gen presantiman ke Josèf te pwal chèf yo yon jou. v. 10-11

II. **Yo debarase yo de li.**
   1. Jakòb pat janm bay sa valè. Konsa li pa te ka mezire rayisman frè yo kont Jozèf. Te gen yon jou, frè yo tap okipe bèt yo byen lwen nan Dotan. Jakòb voye Josèf al wè yo pou li pran nouvèl yo. Li pat kap konnen si li voye Jozèf devan lanmò.

2. Lè yo wè ti jen nonm nan ap vini, yo mete tèt yo ansanm. Yo di yap touye l. Men Riben di: an nou lage l nan yon pi pito. Riben te gen entansyon sove l. E pi, kòm se li ki te pi gran, se li papa ta pral mande koze. v. 22
3. Yo te sal rad li ak san yon bèt. Yo pote rad san an bay papa san bay okenn esplikasyon. Konsa, Jakòb, ki kwè pitit li mouri, ta mouri tou ak emosyon ou byen ak chagren. v. 32-34
4. Yo te lage Josèf nan yon pi ki pa gen dlo. Depi lè saa yo bliye Jozèf nan pi a e yo te kómanse ap devore manje ke Josef te pote pou yo. Ki mechanste sa kay nanm danmen sa yo! Riben pa te la lè saa. v. 29
5. Jida, yonn nan frè yo, bay yo konsèy pou yo sa vann li. Konsa yo te vann Jozèf a moun arab yo ki tap pase, pou 20 sik dajan, obamo $12.80. Arab sa yo te revann li pou yon pi gwo kòb a kolonèl Potifa, chèf gad Fararon an v. 36. Jakòb pap janm konnen sak pase a! Mezanmi, nou poko janm wè moun mechan konsa!

Pou fini
Paran, ou menm ki gen timoun ak plizyè papa, ou byen ak pliziè manman, bat pou ou pa montre ou renmen yonn pase lòt, paske lap twò difisil pou kontwole emosyon yo e limite dega yo kap fè.

Kesyon

1. Konbyen piti gason Jakòb te genyen? Douz (12)

2. Ki erè li te fè kòm papa? Li te montre li renmen Jozèf plis e li bay li plis privilèj.

3. Poukisa?
   Paske li te fè li lè li tap vye gran moun. Li te fè li ak Rachèl, fanm nan li te pi renmen an.

4. Ki atitid frè l yo te genyen? Yo te rayi li.

5. Kisa yo te fè ak Josèf?
   Yo te jete l nan pi. Apre sa yo te vann ni a etranje

6. Bay 3 prèv mechanste yo.
   Yo te lage l nan pi a. Soufrans frè yo pat di yo annyen pandan yo tap manje. Yo te vann frè yo kòm esklav a kèk etranje e fè bagay pou ki fè papa a soufri.

7. Pou konbyen kòb yo te vann li?
   20 pyès ki vle di $ 12.80 nan lajan meriken

Leson 3 - Frè Josèf Yo Ak Chatiman Yo (Swit)

Tèks pou prepare leson an: Jen. 42-50; Egz. 12:40; 12:19; Joz. 14:7; 24:29

Tèks pou li nan klas la: Jen. 42:21-23; 50:15-21

Vèsè pou resite: Nou te moute konplo pou fè m' mal. Men Bondye fè sa tounen yon byen, pou l' te fè sak rive jòdi a rive, pou l' te ka sove lavi tout kantite moun sa yo. Jen. 50:20

Fason pou anseye leson an: Istwa, desen, videyo, Kesyon

Bi leson an: Montre koman frè Jozèf te byen merite pou sezisman pase nan san yo.

Pou kòmanse

Nou resi debarase nou ak ti nonm sa! Kounyea li esklav lakay yon chèf nèg! Li te byen merite sa! Zafè l, zafè papa nou Jakòb! Pandan frè Josèf yo ap panse konsa, gen lòt bagay ki pral pase ke yo pa konnen. Kisa ki te rive ak Jozèf?

I. Zetwal li briye

1. Li te vini yon esklav kap mennen nan kay kolonèl Potifa, chèf gad Fararon yo. Je. 39:6
2. Lè li te gen 30 an, waa te nomen l gouvènè peyi Lejip. Tout sa se te gras a yon sonj li te eksplike Fararon an. Jen. 41:38-46
3. Yo te resevwa l kòm sitwayen ejipsyen. Wa te bay li yon lòt non. Li rele li SafnaPaneak ki vle di: **Moun ki konn revele sekrè yo**, e Fararon te marye l ak Asnat yon Ejipsyèn, pitit yon prèt yo te rele Potifera. Jen. 41:45
4. Nan katòzan sèlman, Jozèf te fè lajan mache a tè nan peyi Lejip. Jen. 42:57

II. **Dominasyon l sou edmi l yo**
 1. Yon jou, yon gwo lanmizè frape tout peyi alaronbadè. Lè sa frè l yo te vini achte manje nan peyi Lejip, yo te oblije bese byen ba devan'l. Jen. 37:7
 2. Lè Jozèf poze yo Kesyon, yo te blije konfese ke yo te disparèt frè yo. Jen. 42:21-23
 3. Yo te ofri yo kòm esklav Jozèf, men l pa te aksepte. Je. 44:16-17
 4. Lè Jozèf te fè yo konnen ke se li ki Jozèf la, yo te boulvèse. Jen.45:1-4
 5. Olye li fè vanjans, Jozèf te aksepte ke se te volonte Bondye pou ke li soufri pwoblèm sa yo. Je.45:5, 8
 6. Li te ba yo ansanm ak tout papa li viza residans pou yo rete An Ejip. E li te ba yo Gozen yon zòn ki bon pou fè jaden ak elvaj. Jen. 46:27
 7. Lè Jakòb mouri, yo te krent pou Jozèf pa te vanje, men li te tounen di yo ankò ke l padonen yo. Jen.50:20

III. **Restitisyon bò kote frè l yo**
 Nan yon tèstaman, li te fè frè li yo jire pou yo antere kadav li Kanaran, lè Bondye a pèmèt yo retounen nan peyi yo. Jen. 50:25-26
 An nou wè lavironndede moun sa yo ak yon kadav sou kont yo pandan 500 zan.
 a. Yo te dwe konsève kadav la pandan 430 yo te pase an èsklavaj An Ejip. Egz. 12:40; 13:19
 b. Yo te kontinye ap pote l pandan 40 an nan dezè a pandan Moyiz te la.

c. Apwè 30 an pelerinaj yo ak Jozye, yo te ka antere l atò a Sichem, peyi ke jodia nou rele Naplouz. Joz. 24:2. Joz. 14:7 ak 24:29

Pou fini

Konsa Bondje te ba yo 500 zan reflekson pou l pini krim yo. Ki chatiman sa pou yon peche!

Kesyon

1. Kisa Jozèf te devni?
   Yon esklav privilejye nan tout byen Potifa

2. Ki pwomosyon l te pran?
   Li te vin gouvènè tout Lejip

3. Kisa li te fè pou frè l yo?
   Li te ba yo tout residans pou Lejip. Li te padone krim yo te fè a. Li te byen aji ak yo.

4. Ki sèvis Josèf te mande yo?
   Li te fè yo sèmante pou yo antere kadav li Kanaran lè Bondye pèmèt yo antre nan peyi sa

5. Kòman Bondye te pini yo?
   Yo rete ap veye kadav la e yo pote l pandan 500 zan avan yo kap tere l

Leson 4 - Fararon Yo, Se Le Diab An Pèsòn

Tèks pou prepare leson an: Egz. 3:9-12; chap. 5-12
Tèks pou li nan klas la: Egz. 7:1-6
Vèsè pou resite: Farawon an reponn: -Kilès ki Seyè a pou m' ta swiv lòd li, pou m' kite pèp Izrayèl la ale? Mwen pa konnen Seyè sa a. Mwen p'ap kite pèp Izrayèl la al ankenn kote. Egz. 5:2
Fason pou anseye leson an: istwa, konparezon, Kesyon, videyo
Bi leson an: Montre lè yon moun pa gen Bondye nan vi li, ki jan kè li kap di.

Pou kòmanse

Depi yon moun ou nan yon pozisyon lwen Bondye ou deja nan patiraj Satan kote mechanste tabli kò l. Fararon pa konnen Bondye: Pa konsekan, li dwe mechan.

I. Fararon

Fararon se pitit dye Solèy, se dye li ye tou. Malgre li gen pou mouri, pèp li ya adore l. Lè li mouri, yo dwe anbomen kadav la pandan 40 jou. Se sa yo rele momi ke yo antere nan Piramid. Piramid se te non kavo Fararon yo. Yo tere yo la ak tout madanm yo. Nan menm kavo sa, yo te tere sèvitè li yo tout vivan, ak tout byen Fararon an.

Fararon yo pa aji daprè konstitisyon men dapwe dekrè. Egz. 1:8-10; 5:2

Rèy a yo te kontinye pa **dinasti**, sa vle di de papa a pitit (*Dinasti Ramsès yo, Amenofi, Menepta, Seti, Nefertiti...*)

II. Otorite li

1. Li souverèn: Li pa konnen otorite lòt Bondye. Egz. 5:2
2. Li kriminèl: Li ogmante pèn esklav ebre yo ak yon travay fòse sou pretèks ke adore Bondye Letènèl se zafè moun ki parese. Egz. 5:17
3. Li odasye: Li toujou montre ke l pap sede a presión. Pandan tan sa a, lap sere boulon pèp la, lap mande moun ke lap modi yo pou priye pou li. Egz. 8:2, 10:10
4. Li pa gen sansiblite: li sede sèlman se lè premye pitit gason li a te mouri. Egz. 12:29-32
5. Mechanste fè li avèg: Li pousib ebre yo nan Lanmè Wouj ak yon lame de 600 cha pou fè yo retounen nan esklavaj. Egz. 14:7
6. Sèlman, distans pou l ta mete men sou ebre yo, li te deja twò ta. Lamè a anglouti li ansanm ak tout lame li a. Egz. 14:24-25

Pou fini

Lè Bondye di" Kite pèp mwen ale", okenn fòs pa kapab anpeche l.

Kesyon

1. Kisa Fararon vle di? Wa Ejipsyen, pitit dye Solèy

2. Kisa yon pyramid ye? Tonbo Fararon yo

3. Kòman yo rele kadav yo anbomen yo? Momi

4. Kòman Fararon pran desizyon l yo?
   Li fè soti yon dekrè.

5. Kòman li reye? De papa a pitit

6. Kòman fineray li te ye?
   Tout byen l yo, fanm li yo e sèvitè l yo dwe antere vivan ak li nan piramid la.

7. Montre ke li te mechan?
   Li te sinik, ensensib, kriminèl. Li te vle toutan gade pèp Bondye a nan esklavaj.

Leson 5 - Espyon Kanaran Yo, Yon Bann Kolabóratè Movèz Fwa

Tèks pou prepare leson an: Egz. 14, 15; Rés. 13, 14
Tèks pou li nan klas la: Rés. 13:17-25; 14:1-4
Vèsè pou resite: Yonn t'ap di lòt: -Ann chwazi yon lòt chèf! Ann tounen nan peyi Lejip! Rés. 14:4
Fason pou anseye leson an: istwa, konparezon, Kesyon
Bi leson an: Montre kòman Bondye pini enkredil yo.

Pou komanse

Moyiz chwazi 12 èspyon pou vizite Kanaran. Men misyon an te rate. Kòman? E Poukisa?

I. Estrateji Misyonè Moyiz

1. Pou pa gen pale anpil, Moyiz te fòme yon delegasyon de 12 esploratè, ki vle di yon chèf nan chak tribi Izrayèl yo. Res. 13:2
2. Delegasyon sa te gen pou misyon vizite tout peyi Kanaran an, pou yo bay rapò sa yo wè e vini ak kèk pwèv lè yo tounen. v. 18-20
3. Misyon sa te dwe dire 40 jou akòz de grandè peyi a pou yo vizite a, e akòz de prekosyon pou yo pran pou yo pase san moun pa wè yo. v. 25

II. Rapò de grenn gòch èspyon yo

1. Sa ki te bon ladan, li te dapwe enstriksyon Moyiz te bay yo. Yo di peyi a rich: fòk se 2 moun ki pou pote yon grap rezen. v. 27 Sèlman pitit Anak yo, se gwo nèg bèl wotè ki rete nan peyi a. v. 28
2. Ansyen lèdmi Iszrayèl yo te la tou: Amalesit, Etyen, ak Jebisyen yo. v. 29

3. Kalèb ak Jozye, se te yo 2 sèl la pami yo 12 moun ki te vote pou mache pran Kanaran. 14:6-7.
4. Yo te kwè nan Bondye a ki te fè yo pase Lamè Wouj la. v. 9 Yo kwè li kap bay yo peyi a tou.

Move kote
1. Espyon yo bay yon rapò negatif devan tout moun pou kraponen Moyiz e fè tout moun leve kont li. 13:26
2. Yo te dekriye peyi Bondye te pwomèt yo a. 13:32
3. Yo te fè moun yo kwè si yo dakò pou ale, se mouri Moyi voye yo mouri. v. 32
4. Yo te revoke Moyiz e yo te deside retounen la menm An Ejip. 14:4
5. Dènye bagay yap fè avan yo pati se te touye Moyiz, Kalèb ak Jozye. 14:10

III. Desizyon Bondye
1. Bondye deside pou kondanen tout Izrayèl pou yo pase karantan nan dezè a, depi moun ki gen ventan an montan 14:34
2. Kalèb, Jozye, e moun ki te gen mwens ke 20 an yo, yo sèl ki te chape e kap gen dwa antre nan peyi pwomès la. 14:29-30.
  Nou pwal wè pita, sa ki rive nan tè pwomès la, Kalèb pwal mande zòn kote jeyan yo rete a kòm eritaj pa li. Joz. 14:7-15

IV. **Leson pou nou tire**
1. Lè moun gen dout yo wè jeyan yo. Lè moun gen lafwa yo wè Kanaran.
2. Lè mechan an vle fè sa ki nan lide l, li bliye tout bon pwensip.
3. Lè Bondye avèk ou, ou gen pi plis fòs ke nenpòt bann lèdmi ki leve kont ou.

Kesyon

1. Konbyen èspyon Moyiz te voye Kanaran? Douz (12)

2. Ki estrateji misyonè Moyiz te bay yo?
Yo dwe vizite peyi a pandan 40 jou epi pou yo pote rapò ak prèv sa yo wè ak sa yo te tande

3. Site rezilta pozitif misyon sa.
Yo vini ak gwo grap rezen. Peyi a rich, gen bon kote pou fè jaden ak elvaj

4. Site 2 rezilta negatif de misyón sa.
Li gen gwo jeyan, ansyen lènmi yo rete la tou

5. Ki desizyon Bondye te pran?
Pou pèp la pase 40 lane af fè lavirondede nan dezè a

6. Tire de (2) leson sou misyon sa.
Dout fè nou we pwoblèm yo gwo. La fwa fè nou wè benediksyon yo pi gwo. Le ou gen prezans Bondye avèk ou, ou pa bezwen anyen ankò.

Leson 6 - Moun Kòwonpi Yo Ak Moun Ki Gen Anbisyon Pouvwa Yo

Tèks pou prepare leson an: Egz. 6:16-21; Rés. 16; Jid 11

Tèks pou li nan klas la: Rés. 16:1-13

Vèsè pou resite: Moyiz di pèp l konsa: Avèk ki pral rive a, nou pral konnen se Senyè a menm ki te voye m fè tout travay sa yo. Se pa mwen menm ki rete konsa mwen di mwen pral fè yo. Rés. 16:28

Fason pou anseye leson an: istwa, konparezon, Kesyon

Bi leson an: Montre ke nou dwe sèvi Bondye ak imilite e ke nou dwe rèspèkte sèvitè li yo.

Pou komanse

Yon konplo ki fèt ak manb fanmiy ou, ou byen ak moun legliz, se konplo ki pi danjere ki ka menase yon sèvitè Bondye.

I. Opozan

1. Se te Kore, pitit gason Levi a, kouzen Moyiz ak Araron. Egz. 6:16-21, Rés. 16:1
2. Answit Dathan, Abiram ak On, se pitit gason Riben, premye pitit gason Jakòb la. Rés. 16:1
3. Anfen 250 pwensipo lidè pami pèp Izrayèl la. Rés.16

II. Opozisyon yo

1. Kore mande pou yon eleksyon fèt byen vit. Li te fè konprann ke: "Moyiz pa ta dwe yon sakrifikatè pou tout tan pou Letènèl. Lot levit yo ka byen fè djob Moyiz la tou. Rés. 16:3

2. Datan ak Abiram san dout ta renmen posisyon gouvènè a pou yonn nan tribu Riben an, premye pitit gason Jakòb la.
Konsa yo akize Moyiz kòm mantè e tou, kòm moun kap fè pèp la abi. Rés 16:13-14
Yo menm deklare ke lavi nan peyi Ejip te pi bon ke la vi nan dezè a. v. 13

III. Konvokasyon nan Tribinal Kasasyon Letènèl la
1. Moyiz rele yo tout nan tribunal devan Letènèl, Lakou Siprèm nan. Rés. 16:7, 16
2. Chak moun te dwe mete yo nan kondisyon pou prezantasyon sa. v. 17

IV. Chatiman Bondye
1. Kore, Datan, Abiram ak On dwe disparèt nan mitan pèp la. v. 21
2. Moyiz mande Bondye pou yo fè fineray pou yo tout. v.29, 30
3. La menn, latè louvri bouch, li anglouti yo tou vivan. v.32
4. Dife ki soti nan syèl la boule tout 250 lidè ki te konplis yo. v. 35
5. Te gen 14,700 moun ki pa te kontan desizyon Bondye te pran an. Yo te komanse blame Moyis. Bondye voye yon lepidemi ki touye yo tout. v. 41-42, 49

V. Atitid Moyiz
1. Li pa te diskite ak Kore ni ak zakolit li yo sou valè ministè li a. Okontrè, liba yo tout randevou devan tribunal Bondye a. v. 4, 7

2. Li sèlman fè Kore sonje limit li gen nan ròl li kòm levit, se te:
   a. Kenbe ministè a, transpòte tabènak la.
   b. Ede sakrifikatè a nan divès travay nan ministè a. Rés. 1:50-53; 3:6-9, 25-37; 4:1-33; 1 Sam. 6:15; 2 Sam. 15:21
   c. Sèl pitit Araron yo, Levit yo tou, ki gen dwa vin sakrifikatè. Det. 33:8-10
3. Li te kontinye ministè li san li pat gade pèson nan kè'l. v. 46

Pou fini

Kontinye mache dwat, Bondye ki jis la, ap bay ou jistis si ou rete nan ròl ou.

Kesyon

1. Kiyès Kore te ye? Kouzen Moyiz

2. Kiyes Datan, Abiram, On te ye?
   Paran Moyiz bò kote Riben

3. Pouki Kore te vle leve kont Moyiz?
   Pou'l te ranplase li

4. Kisa Moyiz te fè? Li te rele'l devan Bondye

5. Kòman li te mouri? Li te anglouti nan la Tè

6. Kisa Bondye te fè ak 250 konplis yo?
   Li te boule yo
7. Kisa li te fè moun yo ki pa te kontan an?
   Li te touye yo ak epidemi
8. Ki atitid Moyiz te gen?
   Li pa te kenbe peson nan kè l

Leson 7 - Yon Chèf Deta Fou E Mechan

Tèks pou prepare leson an: Jij 8:22-9:1-57
Tèks pou li nan klas la: Jij 9:1-5; 22-23
Vèsè pou resite: Se konsa Bondye te fè Abimelèk peye pou krim li te fè kont fanmi papa l' la, lè li te touye swasanndis frè l' yo. Jij 9:56
Fason pou anseye leson an: istwa, konparezon, Kesyon
Bi leson an: Montre santans mechan yo

Pou komanse
Lambisyon pouvwa fè anpil fwa kandida yo pa wè klè, yo pase valè moral yo anba pye pou yo ka reyisi. Abimelèk, ou mèt pale!

I. **Kanpay elektoral Abimelèk la**
   1. 70 nan frè l yo, tout pitit Jedeyon, yo te kandida pou pozisyon Wa nan Izrayèl. Abimelèk pwal pran distans ak yo akòz ke li te jwen moun Sikèm yo pou sipote kandidati li. Konnen byen ke moun Sikèm yo, se fanmiy li bò kote manman l. Jij. 9:1-2
   2. Tonton li yo se te sipòtè farouch kanpay elektoral li. v. 3
   3. Yo te pran tout kòb ki te nan tanp zidòl Baal-Berit la pou bay li. v.4. Abimelèk te sèvi ak kòb sa yo pou achte moun ki pagen mwayen, ak dechoukè tou pou fè manifestasyon. Nan yon lot ti kadè, peyi a te pran di fe, yap touye moun tribò e babò. V. 4
   4. Li te bay dechoukè yo za-m pou ya l touye 70 frè l yo e pou yo pwoklame'l Wa nan peyi Izrayèl. v. 5-6

II. **Trayizon katèl la**
Bondye te voye yon move lespri sou moun Sikèm yo ki te fè yo leve kont Abimelèk. v.23. Yo te vire do bay li. Yo te monte barikad sou tout chemen, epi yo kómanse fè èskamotè sou tout moun ki tap pase. V. 25

III. **Kreyasyon de yon eta de sièj**
Yon nonm yo rele Zeboul dekouvri konplo ke yon nonm yo rele Gaal tap monte pou fè moun Sikèm leve kanpe kont Abimelèk. Menm kote a, Wa a mete peyi a an Eta de sièj. Moun pa antre, moun pa soti. E lamenm li komanse batay. v.34
1. Premye batay: Abimelèk te touye anpil moun andedan vil Sikèm nan. v. 40
2. Dezièm batay: li te touye de milye de moun nan ti bouk andeyò yo. v. 43
3. Twazièm batay: li te mete dife nan badji Baal-Berit la. Tout moun ki tal sere la, boukannen nan dife. v. 48-49
4. Katriyèm batay: nan moman li te pral mete dife sou tout moun yo ki te kache nan chato Tebèt la, yon fanm te jete yon ròl moulen sou tèt li. Abimelèk mouri, li fè miyèt moso. v. 53

Pou fini
Se konsa Bondye pini ni Wa a, ni pèp la ki te vote li a! Pèp Bondye, pran leson e pran men nou!

Kesyon

1. Kiyès moun Abimelèk te ye?
   Pitit Jedeyon, Wa an Izrayèl

2. Kiyès moun ki tap mennen kanpay li?
   Paran li te gen nan peyi Sikèm

3. Ki sa li te fè ak lajan moun Sikèm te bay li?
   Li te peye dechoukè pou touye frè li yo.

4. Sa Bondye te fè?
   Li fè moun pwòp peyi li leve kont li.

5. Kisa Abimelèk te reyalize?
   4 batay kont pwòp pèp li.

6. Kouman li te mouri?
   Yon fanm te lage yon ròl moulen sou tèt li.

Leson 8 - Flatè San wont Yo

Tèks pou prepare leson an: Tout liv Neemi-an
Tèks pou li nan klas la: Nee 2:17-20
Vèsè pou resite: Mwen reponn, mwen di yo: -Se Bondye nan syèl la k'ap fè nou reyisi nan sa nou vle fè a. Nou menm ki sèvitè Bondye, nou pral konmanse rebati l'. Men nou menm, moun lòt nasyon, nou pa gen ankenn dwa sou lavil Jerizalèm. Nou pa gen anyen pou nou wè nan sa. Pesonn pa janm nonmen non nou nan koze lavil Jerizalèm.Nee. 2:20a e b
Fason pou anseye leson an: Istwa konparezon, Kesyon
Bi leson an: Montre ke kalamite lakòz pitit Bondye yo gen plis la fwa.

Pou komanse
Depi ou vle sèvi Bondye tout bon, menm kote a ou gen lènmi pou konbat ou. Nou pral wè sa nan liv Neemi an.

I. **Explike prezans Neeemi nan vil Jerizalèm**
   1. Li te vini sou lòd Wa Atagzèsès, pou rebati miray yo nan vil Jerizalem. 2:7
   2. Li te gen nan men li yon bon viza ak kat kredi Wa a pou li te fè tout depans li dwe fè .2:7, 8
   3. Li te motive pèp la ki te byen entèrese a travay sa. 2:18

II. Kote li te jwenn opozisyon?
1. Se te nan kèk individi san dwa ni kalite pou fè opozisyon
   a. Se te nonm Sanballah a, yon Oronit (Li soti nan yon kote yo rele Beth-Horon, sa vle di Kay moun kap pale manti a). 1 Wa. 9:17
   b. Te gen tou Tobija, yon Amonit, lènmi Izrayèl jis devan Bondye. Det. 23:3-4
   c. Te gen Gechèm, yon Arab, se te ras a Izmayèl, tou sa, lènmi Izrayèl. Nee. 6:1
2. Apadesa, te gen Jwif tou, ki pat konnen annyen de misyón li a.
   a. Pa egzanp, Jida tap plenyen pou twòp fatra ki gen pou yo retire. Nee. 4:10
   b. Pwofètès Noadia te yon èspyon nan legliz la. Moun kap pote ale, pote vini. Nee. 6:4
   c. Sakrifikatè Chemaja ki yon moun serye, Li kite yo pran tèt li. 6:10-12.

III. Rezon opozisyon an
1. Neemi te vini ak otorite Wa a pou fè jwif yo dibyen nan peyi Jerizalèm. Sa te sifi pou mechanste ak ipokrizi moun sa yo te kap manifèste. Nee. 4:1, 7, 8.
2. Prezans Neemi te yon menas pou interè pèsonèl yo.
   A. Sakrifikatè Eliaschib, responsab chanm nan kay Bondye a te abize otorite li, lè li bay Tobija yon chanm kay nan mezon Bondye, tandis ke mousye ak Neemi se te lèt ak sitwon. Nee 13:4. Sa te pase nan moman Neeemi pat la. 12:6
   B. Yo pat vle yon revèy paske sa ta pral deranje movèz vi yap mennen.

C. Egzanp:
   a. Kontrebann ak moun lavil Tir nan jou Saba a pral fini. 13:16
   b. Louvwi boutik nan jou Saba a pap kapab fèt ankò. Nee. 13:5
   c. Yo pral oblije peye sèvitè Bondye yo yon salè ki rezonab. Nee. 13:10
   Anpil sitiasyon ki pwouve ke moun sa yo te mechan. Neemi pa te gen okenn sekou sèlman non Letènèl. Gras a Dye, li te byen reyisi.

Pou fini

Depi se sèvitè Bondye ou ye, pa pran lòt zam pou konbat advèsè a. Kenbe sèl la priyè!

Kesyon

1. Kisa Neeemi te vin fè Jerizalèm?
   Rebati miray vil la

2. Kiyès kite kanpe an kwa kont projè sa pami moun deyò? Sambala, Tobija, Gechèm

3. Ki moun ki te opozan pami moun andedan?
   Sakrifikatè Chemaja, pwofèt Noadya ak kèk Jwif ki pat konprann misyon li

4. Poukisa tout opozisyon sa yo? Paske moun yo te mechan.

5. Kòman Neemi te reziste yo? Ak pisans lapriyè

Leson 9 - Aman, Enmi Jwif Yo Pou Lavi

Tèks pou prepare leson an: Estè (tout liv la)
Tèks pou li nan klas la: Estè 3
Vèsè pou resite: Ou mèt ale. Reyini dènye jwif ki nan lavil Souz; fè yo fè jèn pou mwen. N'a pase twa jou twa nwit san manje san bwè. Mwen menm bò pa m' ansanm ak sèvant mwen yo, nou pral fè jèn tou. Apre sa, m' aval kote wa a, atout lalwa defann sa. Si se pou m' mouri, m'a mouri. Estè. 4:16b
Fason pou anseye leson an: Istwa, Kesyon, diskou, videyo
Bi leson an: Montre ke mechan fè yon zèv ki tronpe li.

Pou komanse

Depi Aman monte premye minis, li gen yon chale ki monte l nan tèt. Li vle touye jwif yo. Li pase yon **dekrè** pou touye tout jwif ki tap viv nan Wayòm Asyeris la. Poukisa?... Eske lap reyisi? An nou swiv istwa sa a.

I. **Rezon dekrè a**
   1. Tout gro chèf yo nan diaspora a te salye Aman èksèpte jwif Madoche. Si nou vle byen konnen, Jwif yo pa te janm konn salye etranje. Estè 3:1-4
   2. Aman te vle montre longè otorite li pou fè tout moun pè l. Konsa li di Wa a ke lap peye nan poch li pou fè pibliye dekrè ki bay li pouvwa pou li touye tout jwif kap viv nan Siz, kapital peyi Pèrs la. Konsa li pap manke Madoche, lènmi li an. Estè 3:8-9

II. Konsekans desizyon sa
Bò kote Aman
1. Aman soti nan ras Amalesit, sa vle di lènmi nimewo en (1) Bondye ak Jwif yo. Egz.17:16; 1Sam. 15:8
2. Li vle oblije gouvènman an pran kèk desizyon ki pa an favè tradisyon ni ak kilti pèp la ki nan diaspora a.
3. Konsa lap èksite 127 ti nasyon kont Wayòm Asyeris la pou gremesi.
4. Answit lap fè lòt nasyon yo viv nan la pè ak ensekirite.
5. Pou byen di, li fè yon pwoblèm pèsonèl pase pou yon zafè politik. 3:9-10
6. Mechanste telman fè li avèg ke li pa wè lavi Wa a pou proteje tankou Madoche te fè a.
7. Se konsa te gen yon jou menm, Wa a te vle onore yon moun ki te fè li di byen. Li rele Aman pou te mande li yon konsèy sou sa. Aman konnen ke apre li pa gen moun ke Wa te kabap apresye. Li di tout sa ki bon pou yon moun ke Wa ta vle onore. Wa mande li pou li al fè tout, sans manke yon pou Madoche. Konsa li pral rann sèvis a lènmi li san li pa tap vle. 6:4-13
8. Yon jou ankò rè n Estè envite l vin manje kay li, li pa te pran swen pou konsidere ni aksan jwif li ni fòm fizik Estè ki pwouve li se jwif. E poutan li pral fè touye tout Jwif yo. 7:1

Bò kote Estè
1. Piske li se Jwif tou, li vle sove pèp li ak zam ki proteje a: Jèn ak priyè. Estè 4:16
2. Li konbat advèsè li san li pa farouche li, jis li bay yon dènye kou pou touye l. Li devwale Wa mechanste Aman. Estè 7:4-6, 10

Rezilta
1. Aman pèdi djob li, byen li, fanmiy li e pi menm lavi li. 7:10, 8:1-2
2. Wa Asyeris te bay lòd pou jwif yo masakre moun nan peyi Pèrs ki ta vle manyen yo. Se pa de moun ki mouri. 9:16
3. Madoche te pran job Aman an, e li te monte chèf ak anpil konsiderasyon nan plas li a. 10:3

Pou fini
Letènèl konnen jan moun ki fè byen yo ap viv, men jan mechan yo ap viv la, yo gen pou fini mal.

Kesyon

1. Poukisa Aman te bay lòd pou touye Jwif yo?
   Akòz Madoche, yon Jwif ki te refize salye li.

2. Ki konsekans desizyon sa te genyen?
   Amn te fòse Wa pran desisyon ki pat bon pou 127 Wayòm yo ki te anba men li.

3. Kisa Estè te fè pou defann lavi pèp li a?
   Li te fè jèn epi la priyè pandan twa jou twa nwit.

4. Ki aksyon li te mennen?
   Nan yon dine kay li, li akize Aman devan Wa a

5. Ki rezilta sa te bay?
   Yo te touye Aman ak fanmiy li. Se pa de moun nan Pèrs ki te mouri jou sa pou fè Madoche ak Estè plezi.

Leson 10 - Sayil, Yon Wa Malfèktè

Tèks pou prepare leson an: Joz. 9:15; 1Sam. 13; 14:35-37; 5-16:12-23; 18:5-30; 19:20-43; 22:6-19; 28
Tèks pou li nan klas la: 1 Sam. 13:5-14
Vèsè pou resite: Se konsa, li mande Seyè a sa pou l' fè. Men, Seyè a pa ba li ankenn repons, ni nan rèv, ni avèk ourim yo, ni nan mesaj pwofèt yo. 1 Sam. 28:6
Fason pou anseye leson an: istwa, konparezon, Kesyon
Bi leson an: Montre ke tout desizyon ki pa nan konsantman Bondye se yon desizyon ki pap reyisi.

Pou komanse

Sayil, premye Wa nan Izrayèl. Gade ak ki betiz li pral komanse rey li! Gade l byen! Eske l te sanble vrèman ak yon Wa? Li te mechan, wi mechan anpil. E kont ki moun?

I. Dabò kont Letènèl

1. Li monte sou lotèl al fè sakrifis pou Bondye. Li pa te konsakre pou li jwe ròl sakrifikatè. Li bay pwofèt Samyèl yon èskiz. Li di li pat kabap kite pèp la ale gren pa gren nan men li. Sa se te yon **rezon politik**. 1Sam.13:13
2. E depi lè sa, Bondye vire do ba li. 1 Sam. 14:17
3. Alò, li te deside li men m tou vire do bay Bondye. Kòman?
    a. Li te fè zanmi ak yon lènmi Letènèl, Wa Agag ki te yon Amalesit. Egz. 17:16; 1 Sam. 15:3, 9
    b. Piske l te konsilte Letènèl yon dènye fwa san repons, alò, li konsilte yon bòkò nan lavil Andò. 1 Sam. 28:7-8

c. Depi lè sa, Bondye te deside touye li ansanm ak pitit li Jonatan, menm si ti nonm nan te bon zanmi David. **Sa se rezon Bondye**. 1Sam.28:19

II. **Epi, kont byenfèktè li e bofis li David**
   1. Li te rayi David depi lè Bondye te anonse l revokasyon li.1 Sam. 13:14
   2. Men depi lè sa, Bondye te voye sou David bon lèspri ki te sou Sayil la. Kounyea Sayil anba yon move zèspri. 1 Sam. 16:13-14
      a. David, se sila ki te bat Golyat la e ki te sove kouròn Sayil la. 1 Sam. 17:50
      b. David te vin bofis a Wa a gras a viktwa sa. 18:22
      c. David, se sila ki kraze lènmi yo tout kote li pase, sèlman pou kenbe Wayòm Sayil la fèm. Kounyea Wa malfèktè a ap pouswiv li:

Sayil te mande David pou bay li 100 po ti kòk a Filisten yo kòm kondisyon pou marye 'l ak pitit fiy li a. David touye 200 filisten e li te konte tout po ti kòk yo bay Sayil. Malgre sa, Sayil te voye rechèch kriminèl al touye'l la kay li. Bondye sevi ak Mikal, madanm David pou sove li. 1Sam. 19:24-27

Yon lòt jou, li te serkle yon vil pou li arive touye David. 1Sam.23:8-11

III. **Answit, kont Gabawonit yo**
Izrayèl te aksèpte Gabawonit yo tankou sitwayen jwif ak tout dwa ke tit sa te ba yo. Sayil te vyole kontra sa ki te fèt ant Jozye ak Gabawonit yo. Sayil te touye yo nan fè travay fòse. Joz. 9:15; 2 Sam. 21:1

IV. **Anfen, kont pwòp nanm li**
   1. Lè Bondye te bandonen li, se te yonn nan rezon pou Sayil te pwofite konfesé peche l, pou l ta repanti de peche l. Olye de sa, li fè de move bagay:
      a. Li tolere Agag, yon Amalesit. Se tankou li te deklare Bondye lagè.
      b. Paske Bondye te viro do bay li, li te ale kay yon bòkò pou ale limen chandèl. Se te yon veksasyon pou Letènèl, yon mepri ke Bondye pa p padonen l. Se twòp atò, Bondye touye Sayil.

Pou fini
Tout sa Bondye mande nou se obeyisans. E byen an nou obeyi li.

Kesyon
1. Kiyès ki te premye Wa izrayèl? Sayil
2. Poukisa Bondye te revoke li?
   Akòz dezobeyisans li.

3. Bay 4 rezon ki fè nou di ke Sayil te malveyan?
   a. Li te aksepte fè zanmi ak yon lèdmi Letènèl,
   b. Li te vle touye David, bofis li ki te fè li di byen
   c. Li te detri Gabawonit yo malgre kontra yo ak Izrayèl,
   d. Li te konsilte yon bòkò pou'l te ka konnen sa ki pwal vini
4. Ki chatiman Bondye te ba li?
   Lanmò li ansanm ak tout pitit li Jonatan
5. Kiyès kite pwofèt Letènèl nan tan sa? Samyèl

Leson 11 - Moun Ipokrit E Mechan Yo Sou Regim David La

Tèks pou prepare leson an: 1 Sam. 14:50; 2 Sam. 3:27; 16:5-28; 17-21; 1 Wa. 2:28-46; Sòm. 1
Tèks pou li nan klas la: 1 Wa. 2:28-46
Vèsè pou resite: Se poutèt sa, jou jijman an, mechan yo p'ap ka leve tèt yo devan Bondye, moun ki fè mal yo p'ap chita ansanm ak moun ki fè byen yo. Sòm. 1:5
Fason pou anseye leson an: istwa, konparezon, kessyon
Bi leson an: Montre odas ak ipokrizi kèk sèvitè mechan e ki konsekans sa te genyen.

Pou komanse

Lè wap fè byen ak tout kè'w, ou mèt tann pou ou gen anpil lènmi ak anpil zanmi ipokrit. David te pase ladan'l. Jodia nou vini ak pwèv e kòmantè sou sa.

I. **Chimeyi, fanmiy a Sayil**: Li modi David devan tout moun, paske l konnen Absalon, pwop pitit David te leve kont li pou touye l. Men lè li wè sa pa mache pou Absalon, li te blije vini devan David ak eskiz. 2 Sam. 16:5-8; 19:19-21

II. **Doèg, yon moun peyi Edon, ki pa mele ak juif**: Doèg tap trayi David pou fè Sayil plezi. Doèg te aksepte touye 85 sakrifikatè (jodia nou ta di pastè) paske yo pa te vle obeyi lòd Sayil. 1Sam. 21:7; 22:9, 16. Anpil fanmiy pèdi vi yo akòz trayizon Doèg.

III. Nabal, yon nonm ava

David te monte yon brigad vijilans pandan plizyè semèn nan zòn kay Nabal la pou li te pwoteje l ak tout byen li. Nabal sa te chase malonètman yon delegasyon David ki te vin mande'l moso manje. David pwomèt pou li anvayi tout bitasyon Nabal la. Le sa, Abigayèl, madanm Nabal, te repare fòt la. Li pote pwovizyon pou David ak tout twoup li a. Lè Nabal pran nouvèl saa, li te fè yon emoraji nan sèvo li e li te mouri 10 jou apwè sa. 1 Sam. 25:18-19; 27, 36-37

IV. Joab, yon paran David, Chèf lame li a. 1 Sam. 14:50

1. Li te fè ti mwayen pou touye Abnè, chèf lame Sayil. Se te pou vanje frè li Asayèl ke Abnè te touye nan yon batay. 2 Sam. 3:27
2. Lè li konnen ke David pral nonmen Amasa pou ranplase l kòm jeneral an chèf nan lame a, li touye nonm saa. Konsa, David te oblije retounen l nan pòs li tou dousman. 2 Sam. 19:13; 20:8-10
3. Li te touye prens Absalon malgre Wa te pase lòd, li te di: "Pa touye'l." 2 Sam. 18:5, 9-15

V. Achitofèl

Manb konsèy ki te potomitan nan gouvènman David la. Li te kwè petèt ke se li ki te pi kalifye pou kenbe gouveman 17:23pwovizwa a si David ta mouri. Poutètsa, li trayi wa David pou apiye Absalon, pitit David. Lè moun arive dekouvri plan li yo, li ale kay li, li pran yon kòd e li te pann tèt li. 2Sam.

VI. Finisman Mechan sa yo

Wa Salomon te mete Chimeyi anba Residans siveye. Yon jou li soti kite kay la ay fè savann pou kenbe bourik li ki te kase kòd. Lè Salomon konnen sa, li voye Benaja al touye Chimeyi. 1Wa. 2:36-46

1. Sou lòd Salomon Benaja te touye Joab tou. 1Wa 2:28-30. Akòz zak malonèt a yo, Joab, chèf lame a pa te konte pami vanyan gason wa David yo. 2 Sam. 23:8-39
2. Achitofèl ki wè yo te dekouvri l, Li pa te ka rete viv nan desepsyon sa, lite pann tèt li.
3. Kant a Doèg, li te disparèt tankou pay van ap pote ale. Nou pa konnen sa li devni.

Pou fini:
Moun kap fè mal toujou fini mal.

Kesyon

1. Ki moun Chimeyi te ye? Li te yom paran Wa Sayil e li te yon lènmi pou David
2. Poukisa nou di li ipokrit?
   Li trayi David pou li ale nan kan Absalon
3. Ki moun Nabal te ye?
   Yon femye ki te tafiatè, ava e mechan
4. Pouki nou rele li mechan?
   Paske l te meprise David byenfetè li
5. Kòman li te mouri? Ak yon atak nan sèvo
6. Kiyès Joab te ye? Chèf nan lame David la
7. E Achitofèl, ki moun li te ye?
   Konseye ofisyèl wa David
8. Kòman li te mouri? Li te pann tèt li

Leson 12 - Kretyen Ki Gen Movèz Fwa

Tèks pou prepare leson an: Mat. 25:38; Trav. 19:33; 1 Tim. 1:19-20; 4:14; Eb. 13:3; 3 Jn. 9-10
Tèks pou li nan klas la : 3 Jn. 9-14
Vèsè pou resite: Chonje se devwa nou pou nou byen resevwa moun ki vin lakay nou. Se konsa, gen moun ki resevwa zanj Bondye lakay yo san yo pa konn sa. Eb. 13:2
Fason pou anseye leson an: istwa, konparezon, Kesyon
Bi leson an: Montre tò ke kretyen movèz fwa yo ka kòz nan yon legliz.
Pou komanse
Ki moun ki ta kwè pou jan Lesentèspri ap manifèste nan dènye tan yo, legliz yo ta boure ak kretyen ki gen movèz fwa? Epoutan, reyalite a la. Nap pran 3 seri pou jodia.

I. **Imene, Filèk, Aleksann.** Yo menm se te kretyen grèk. Depi nan non yo, nou wè sa. Trav.19:33; 1 Tim. 1:19-20; 2 Tim. 2:17, 18; 4:14
  1. Yo t'ap viv nan menm epòk ak apòt yo. Donk, yo te konnen byen ke Jezi te mouri, ke li te resisite e ke nan non li anpil mirak te fèt. Malgre tou, yo te pran pòz yo pa te konnen ke moun ki kwè nan li yo, gen pou resisite tou. Se te yon mwayen pou jistifye doktrin a Saduseyen ki pa te kwè nan rezireksyon moun mouri e ki detri konsa èsperans kretyen yo. Lè Pòl konnen sa, li refize bay yo la sent sè n. 1Tim.1:20 te pase nan ane 64 Apwe Kris. Men nan lane 67 apwe Kris, Aleksann te pran vanjans li, li te fè anpil tò a apòt la.

(monitè a ka envite klas la konte tò ke yon kretyen chite ka fè a legliz, a pastè a: Denigreman, opozisyon san rezon, vye pawòl andaki, pwovokasyon, refize kontribye, fè vye bri kouri, divizyon...)

II. **Dyotrèf, yon toro bazan nan legliz la.** 3 Jn. 9, 10

1. Li revandike yon dwa ke li pa genyen.

Li pran pòz chèf pami frè yo. Se li ki pou bay dènye desizyon nan tout bagay.

Li sèl li, li deside pou pa resevwa misyonè nan legliz la.

Li refize bay la sè-n a tout moun ki te gen malè resevwa misyonè kay yo. v. 10

(la monitè a ka mande a klas la pou yo prezante nan yon legliz ki atitid ki kap fè yon kretyen sanble ak Dyotrèf nan plen venteyinièm syèk sa: eleman negatif, konbat pwojè lè se pa li ki te bay yo; li dominen legliz paske li ansyen, li dominen nan fason li, ak gwo vwa li, ak anpil kontribisyon li, ak konesans li, ak enfliyans li nan legliz la sou anpil manb ou byen sou òganizasyon yo. Si ou pa aksepte konsèy li, li prêt pou li demisyone. Li defèt sa pastè a di an piblik, li dezobeyi l devan tout moun. Pastè a pa gen puisan devan li, akòz popilarite l. Li bliye ke se Bondye ki gen dènye mo a)

Pou fini

Bondye mande pou nou egzèse ospitalite, pou nou resewa vizitè kay nou. Nenpòt moun ki pa aksepte fè l se mechan li ye. Mat 25:38; Eb. 13

Kesyon

1. Ki moun Imene, Filèt, Aleksann te ye?
   Kretyen opozan

2. Ki erè yo te fè?
   Yo te nye rezireksyon ki pwal fèt pou kwayan yo

3. Ki sanksyon Pòl te ba yo?
   Li te refize bay yo la sè'n

4. Kòman Aleksann te reyaji?
   Li fè anpil tò a apòt la

5. Ki moun Dyotrèf te ye?
   Yon manb enfliyan nan legliz la

6. Ki fòt li te komèt?
   Li te refize resevwa misyonè e li te anpeche lòt moun fè sa

REVIZYON VESE YO

Seri II Gason Mechan Yo Nan Bib La

Leson Tit leson yo Vèsè

1. **Kayen, Premye Kriminèl La** Jen . 4:9
   Senyè a mande Kayen: Kote Abèl, frè ou la? Kayen reponn: Mwen pa konnen. Eske ou te mete m veye l?

2. **Frè Josèf Yo, Yon Kòlonn Mechan** Jen. 37:4
   Lè frè'l yo wè jan papa yo te renmen Josèf plis pase yo, yo pran rayi'l. Yo pat louvri bouch avè l san yo pa joure.

3. **Frè Josèf Yo, Chatiman Yo (Swit)** Jen. 50:20
   Nou te monte konplo pou fè m mal. Men Bondye fè sa tounen yon byen, pou'l te fè sak rive jodia a rive, pou l te ka sove lavi tout kantite moun sa yo.

4. **Fararon Yo, Se le Dyab An Pèsòn** Egz . 7:1
   Gade, mwen pral fè ou tounen Bondye pou Fararon an. Araron, frè ou la, pral pale avè l tankou yon pwofèt.

5. **Espyon Kanaran Yo, Yon Bann Kolabóratè Movèz Fwa:** Rés. 14:4
   Yonn tap di lòt: Ann chwazi yon lòt chèf! Ann tounen nan peyi Lejip.

6. **Moun Kòwonpi Yo Ak Moun Ki Gen Anbisyon Pouvwa Yo:** Rés. 16:28
   Avèk sa ki pral rive a, nou pral konnen se Senyè a menm ki te voye m fè tout travay sa yo. Se pa mwen menm ki rete konsa mwen di mwen pral fè yo.
7. **Yon Chèf Deta Fou E Mechan** Jij 9:56
   Se konsa Bondye te fè Abimelèk peye pou krim li te fè kont fanmy papa' l la, lè li te touye swasandis frè l yo.
8. **Arivis San Ront Yo** Nee. 2:20a ak b
   Mwen reponn mwen di yo: Se Bondye nan syèl la kap fè nou reyisi nan sa nou vle   fè a.
9. **Aman, Lènmi Jwif Yo Pou Lavi** Estè. 4:16b
   Nap pase twa jou ak twa nwit san manje, san bwè. Mwen menm bò pa m, ansanm ak sèvant mwen yo, nou pral fè jè n tou. Apre sa, m pral kote wa a, ak tout la lwa defann sa. Si se poum mouri, m'a mouri
10. **Sayil, Yon Gason Modi** 1Sam. 28:6
    Se konsa li mande Senyè sa pou l fè. Men Senye a pa bay li okenn repons, ni nan rèv, ni avèk ourim ni nan mesaj pwofèt yo.
11. **Moun Ipokrit E Mechan Yo Sou Regim David La** Sòm.1:5
    Se poutèt sa, jou jijman an, mechan yo pap ka leve tèt yo devan Bondye, moun ki fè mal yo pap chita ansanm ak moun ki fè byen yo.
12. **Kretyen Movèz Fwa Yo** Eb. 13:2
    Chonje se devwa nou pou nou byen resevwa moun ki vin la kay nou. Se konsa gen moun ki resevwa zanj Bondye lakay yo san yo pa konn sa.

Seri 3 - Sali a

Avan gou

Gen yon bagay ki te pase avan Bondye te kreye monn sa ki rete tankou yon mistè pou nou e ke nap arive devine lè nou ap li bib la. Menm si nou ta vle bay ou detay, nou sèlman kap fè sipozisyon. Konsa pa mande nou sa nou pa konnen. Ki bagay sa ki te pase?

Te gen yon anj Bondye yo te rele Lisifè. Li mete tèt li lidè yon gwoup zanj pou fè rebèl kont Bondye. Depi lè saa, Bondye rele yo Satanlediab, zanj rebèl, demon. Li mete yo deyò paradi a. Li lage yo toupatou nan lè ak la tè. Ezek. 28: 14-19; Efe.2:1-3; 6:11-12

Depi lè saa, gen plas vid nan syèl la ke Bondye vle ranpli. Se lè sa li di: «An nou fè moun. Nap fè'l potre ak nou, pou li sanble ak nou. Jen.1:26 Nou finn konprann ke Bondye te gen nan tèt li pou l genyen moun pou adore'l pou bay li glwa e pou sèvi'l. Sèlman Satan pa gen enterè pou moun ranplase l. Se pou rezon sa lap bat pou fè nou peche pou detwi imaj Bondye nan nou. Se konsa li fè lòm fè peche pou Bondye mete lòm deyò nan paradi a tou, se dekwa pou li gen pouvwa sou lòm. Depi lè saa, Bondye deja ap fè plan pou propte lòm pou fè li tounen nan paradi a.

Liv sa ki rele SALI, pral trete sijè sa pou edifikasyon nou.

Pastè Renaut Pierre-Louis
Lotè liv la

Leson 1 - Peche, Rezon Ki Fè Nou Pèdi

Tèks pou prepare leson an: Jen. Chap.3; Jos.24:19; Jòb.14:17; Esa.59:1; Rom.3:23; 6:23; 2Kor.5:21; Jan.3:16; 1Jan.5:17-19

Tèks pou li nan klas la: Rom.6:1-10

Vèsè pou resite: Si nou mouri ansanm ak Kris la, nou kwè nava viv tou ansanm avè li. Rom.6: 8

Fason pou anseye leson an: Diskisyon, kesyon

Bi leson an: Pale de pèdisyon lòm e delivrans li nan Kris.

Pou kòmanse

Bondye te kreye Adan ak Ev pou viv byen, pou bay li glwa, pou rete nan prezans li e sèvi li. Men lòm pèdi tout privilèj sa yo. Pouki sa? Akòz peche li.

I. Ki peche Adan te fè? Jen.3:2

1. Bondye te di lòm: Ou gen dwa sou tout pye bwa ki nan jaden an, eksepte pye bwa ki nan mitan an. Puiske l te touche l, premye peche lòm se te **dezobeyisans.**
2. Puiske li te koute vwa Satan, li te komanse doute Bondye, dezyèm peche li se te **dout. v.6**
3. Si yon moun vle blanmen Bondye pou peche Adan an, paske li pa te dwe mete pye bwa nan mitan jaden an, peche saa rele **lachte. v.6**
4. E puiske li te aksepte obeyi yon move zespri, katriyèm peche li se te **èspiritis, mache kay bòkò.** Lev.19:31

   E puiske lavi se nan prezans Bondye li ye e lanmò se lè ou vire do bay Bondye, konsekans peche se soufrans, maladi epi lanmò. Rom.3:23; 6:23

II. **Ki non ou kap bay peche?**
   a. Dezobeyi lalwa. Jos.24: 19
   b. Erè .1Jan. 5:17
   c. Rebelyon. Rés.14:18

Tout sa ou fè san volonte Bondye se peche. Pou rezon sa, nan priyè Jezi te montre disip yo, li di pou yo bay Bondye glwa ; men li mande tou pou volonte Papa a fèt sou tè a tankou li fèt nan syèl la.

III. **Ki konsekans peche genyen?** Rom. 3:23; 6:23
   a. Separasyon ak Bondye: Lanmò etènèl. Ezayi.59:1
   b. Satan pran pye sou nou .1 Jan.5:19
   c. Pèdisyon. Jan.3:36, Rom.3:23; 6:23
   d. Jezi te vin soufri nan plas nou .2 Kor.5:21
   e. Paradi nou pèdi nan Adan an, nou tounen jwen li nan Jezikri.

Pou fini
Bondye vle sove w jodi a.Vini jwen li kounyea menm pou li sove w anba peche, anba lanmò ak kondanasyon etènèl.

Kesyon

1. Ki peche premye paran nou yo te fè?
   Dezobeyisans

2. Ki non nou bay peche?
   Dezobeyisans, rebelyon, erè

3. Ki konsekans negatif peche?
   Nou separe ak Bondye, Satan pran pye sou nou, nou pèdi.

4. Ki konsekans pozitif peche pou lòm?
   Jezi soufri nan plas nou. Paradi nou te pèdi ak Adan, nou vin jwen li nan Jezikri

5. An gwo, ki sa peche ye?
   Tout zak lòm fè san pèmisyon Bondye

Leson 2 - Konvèsyon An

Tèks pou monitè: Jer.29:13; Mat. 10:24-42; Lik. 15
Tèks pou li nan klas la: Lik. 15:11-20
Vèsè pou resite: M'ap leve, mwen pral tounen jwenn papa m', m'ap di li: Papa, mwen peche kont Bondye, mwen peche kont ou menm tou. Lik 15:18
Fason pou anseye leson an: Diskisyon, kestyon
Bi leson an: Montre ki sa yon moun gen pou fè pou li konvèti

Pou kòmanse
Lòm te pèdi akòz peche li. Ki sa li kapab fè pou li sove? Sèl Bondye ki gen solisyon an. Li dwe tounen vin jwen Bondye.

I. Ki kondisyon Bondye mete pou lòm kap sove anba kondanasyon peche l
1. Li dwe konnen ke li pèdi. Lik. 15:17b
2. Ti gason ki te pèdi a te reyalize si li rete lwen papa li, l'ap mouri.
3. Li dwe konnen ke pa gen oken lòt moun ki ka sove li. Lik. 15:14
4. Li dwe konnen ke sosyete lap viv ladan an fè fayit (anpil *moun nan dròg, krim, fanmòt, madivinez, vòlè, sipestisyon pou yo reyisi*). Pwofèt Amòs pale de gran gou nan peyi a ak swaf pou tande Pawòl Bondye a. Amos. 8:11c
5. Li dwe sonje ke li te jwen tout sa li te bezwen, e ke li te fè gagòt ak tout. Kounyea li pa ka fè anyen pou tèt li ankò. Lik 15 v. 13a, 14a
6. Li dwe konnen ke abondans se lakay papa li sa rete e oken lòt bagay pa te ka fè li vin pòv. V.17

(kay *papa a gen abondans gras la, padon, la jwa, la pe, lanmou, pwoteksyon*)

7. Li dwe asèpte ke li pèdi. Li dwe reziye li obeyi tankou yon timoun, pou li kwè tou ke li pa merite okenn privilèj kay papa li.
8. Li dwe asepte pou li met chapo ba devan papa li e li dwe dispoze resevwa favè ke li pa merite de Papa li. Moun pa kapab vini devan Bondye ak gwo lestomak, men li dwe vini ak repantans. v.19
9. Konsa Li dwe imilye li pou li resevwa Sali gratis Bondye bay nan Jezikri. v.19

Remake:

1. Sonje ke papa a pa te janm ale chèche li. Sete yon fason pou li te fè li santi li pa anyen e fòse li pran yon bon desizyon pou li tounen.
2. Bondye renmen nou, men li pap flate nou.
   a. Wa va chèche m e wa twouve'm si ou chèche'm ak tout kè ou. Jer. 29:13
   b. Jezi soti nan syèl vini chèche nou. Men se nou ki pou mache al jwen li nan pye bwa kalvè a. Lik.19:10
   c. Jezi la, men li di ou vin jwen mwen. Mat. 11:28
   d. Li voye nou preche, men pechè a dwe pran yon desizyon pèsonèl. Jan.1:12; 5:39

Pou fini

Vni jwen Jezi kounyea, delivrans lan la e nan li menm sèl.

Kesyon

1. Ki moun ki dwe konvèti? Tout moun nèt

2. Pouki sa? Paske tout moun fèt nan peche

3. Ki jefò pèsonèl pou lòm fè pou'l ka sove? Anyen

4. Pa ki fason lòm ka sove?
   Li dwe rekonèt ke li pèdi. Se Bondye sèl ki kapab sove li. Li dwe asèpte Jezi kòm sovè li.

5. Ki ròl legliz nan delivrans lòm? Ale chèche si la yo ki egare nan peche a pou mennen yo bay Jezi.

6. Eske Bondye gen plizyè fason pou li sove chak kalite pechè?

7. Non, yon sèl fason: aksepte ke san Jezi te koule pou sovè li.

Leson 3 - Konvèsyon (swit)

Tèks pou prepare leson an: Eza.55:1-2; Mat.3:9; 21:31-32; 11:28-29; 21:31-32; Lik.15:11-27; Jan.5:37-38; 1Kor.1:20-23; 2Kor.5:17-21; Ef.5:18-20; Eb.12:29; 1Jan.1:9

Tèks pou li nan klas la: Mat.11:28-30

Vèsè pou resite: N'ap plede etidye sa ki ekri nan Liv la, paske nou mete nan tèt nou nou ka jwenn lavi ki pa janm fini an ladan li. Men, se Liv sa a menm ki pale sou mwen. Jan.5: 39

Fason pou anseye leson an: Diskisyon, kesyon

Bi leson an: Montre pati pa lòm nan delivrans Bondye a

Pou kòmanse

Nan dènye leson an nou te wè demach lòm pou li konvèti. Jodia nou pwal wè sa konvèsyon an ye.

I. Ki sa konvèsyon pa ye

1. Se pa rantre nan pwotestan. Mat.11:28
2. Se pa kite legliz katolik, kite vodou, kite bòkò ak lwa ak zanj rebèl. Mat.11:28
3. Se pa pa ale nan bal ankò, pa jwe daza. Mat.11:28
4. Se pa kite fimen, kite bwè, kite vakabon ak fi, ak gason, kite pederas, kite madivin. Mat.11:28

Tout sa yo, sa se yon jefò ki montre ke ou gen yon bòn kondit, men se ponkò konvèti a sa. 2Kor.5:17

II. Sa ki poko prêt pou konvèsyon ankò

1. Se pa rantre nan pwotestan pou chèche gerizon pou yon maladi.

2. Se pa konvèti paske ou bezwen legliz okipe yon timoun ou te fè ak yon mari ki pa fè devwa l.
3. Se pa lè yon moun ap chèche yon milye entelèktyèl. 1Kor.1:20-23
4. Se pa lè moun konvèti paske mari yo mande pou yo pou fè sa, yo vle obeyi li
5. Se pa lè Bòkò a mande pou yo fè sa, paske se sèl fason pou yo jwen gerizon.Trav.4:12
   a. Se pa lè moun nan kwè li sove paske li fèt nan levanjil, li Anfan la pwomès. Li di li pa bezwen konvèti.
   b. *Monitè, fè elèv sa sonje ke Jezi te fèt nan yon pak zannimo, men li pa te yon ti bourik gran zorèy pou sa).* Mat.3:9; 21:31-32

III. Konvèsyon tout bon vre an
1. Se lè nou rekonèt ke nou peche, nou pèdi espwa. nou santi nou bezwen Jezi annijans. Lik.15:17
2. Se lè nou gen yon chanjman nan konpòtman, nan fason ou t ap viv, paske kè nou touche ak pawòl levanjil la. Lik.15:17
3. Se lè nou rekonèt ke nou pèdi e nou deside kite tout bagay pou swiv Jezi. Mat.11:28
4. Se lè nou pè ale nan lanfè nan moman ke Bondye ap montre nou fason pou'n pa tonbe ladan l. Nou kwè nan padon Bondye bay gratis. Eb.12:29
5. Se lè nou arive rekonèt ke relijyon pa kap satisfè bezwen nanm nou. Jer.2:13; Mat.11:28

IV. Prèv konvèsyon tout bon an
1. Se lè nou kite tout vye bagay nou te konn fè yo. 2Kor.5:17
2. Se lè nou regrèt tout sa nou te konn fè ki mal epi nou temwaye sa san nou pa monte tèt katon nou. 1Jan.1:9
3. Se lè nou chèche rete kote frè ak sè nou yo. Ef.5:18-20
4. Se lè nou gen anvi konnen tout sa ki gen nan levanjil. Nou pap rate okenn Sèvis jèn, Priyè, Etid Biblik, Devosyon nan fanmy an. Eza.55:1-2; Jan.7:37-38

Pou fini:
Tout konvèsyon ki fo yo, fè nou rantre nan legliz. Tout konvèsyon tout bon yo, fè nou rantre nan wayòm Bondye. Se ta va tris pou pèdi nanm ou! Lè a rive, deside'w pou resevwa Jezikri kòm sovè ou.

Diskisyon: Si mwen pa te janm fè mal, eske Bondye pa t'ap sove'm? (Rom .6:23)

Kesyon

1. Ki sa konvesyon pa ye?
   a. Se pa rantre an pwotestan,
   b. se pa kite yon relijyon pou antre nan yon lòt.
   c. Se pa kite bwè ak fimen, fanm ak gason moun

2. Ki sa yo ye ojis? Se moun kap bat pou ranje kò yo pou yo pa fè sa ki mal.

3. Bay 3 lòt bagay kip a fin sa nèt.
   a. Moun ki konvèti pou jwen gerizon
   b. Moun ki konvèti pou fè mari yuo plezi
   c. Moun ki konvèti kap chèche sosyete

4. Eske gen moun ki fèt tou kretyen? Non. Ou pa kretyen paske ou te fèt nan yon fanmy pwotestan.

5. Ki sa konvèsyon an ye?
   Se pou w konsyan de peche w, pou w konnen ou pèdi, ou konnen ke moun ak relijyon pa kap fè anyen pou ou, nan moman sa ou pran Kris pou sovè w.

6. Ki prèv ou kap bay de konvèsyon an?
   a. Ou dwe regrèt sa ou te konn fè ki mal yo, ou pa tounen nan yo ankò.
   b. Ou dwe konfese yo
   c. Ou repare tò ou te fè moun.
   d. Wap pèsevere nan pawòl ak lòt kretyen yo

Leson 4 - Repantans La Se Yon Obligasyon

Tèks pou prepare leson an: Lik. 13:1-5; chap.15; Rom.10:9-17
Tèks pou li nan klas la: Lik. 15:17-22
Vèsè pou resite: Pyè reponn yo: Tounen vin jwenn Bondye, epi yonn apre lòt vin resevwa batèm nan non Jezikri, pou Bondye padonnen tout peche nou yo. Apre sa, n'a resevwa Sentespri, kado Bondye a. Travay. 2:38
Fason pou anseye leson an: Diskisyon, kesyon
Bi leson an: Montre dezyèm etap la nan delivrans moun ki kwè a.

Pou kòmanse

Si konvèsyon an se yon chanjman nan kè ki pwodwi yon chanjman nan vi, ki sa ki repantans la? Eske se yon bagay tout moun dwe fè? Men wi! Paske li lakòz nou tèlman regrete sa nou te fè yo ke nou deside ale jwen Bondye. An nou wè tout sa nan leson sila.

I. **Koman Repantans lan vini:**
   1. Se lè nou te tande vwa Bondye pale a kè nou. Rom.10:17
   2. Nou te rekonèt nou pa merite anyen, nanm nou tou touni, nou pèdi. Lik.15:19
   3. Nou regrèt peche nou yo o pwen ke nous vle abandonen yo. Nou dispoze konfese peche nou. Lik.15:19
   4. Nou konnen ke nou pa te gen dwa a anyen. Nou asepte Bondye fè sa li mande nou. Sa li bay nou nap pran l, tankou ti gason ki te pèdi a te di. v.19

5. Nou leve e nou ale dirèkteman kote papa nou. v.20

II. Sa repantans la pote:
1. Li fè moun ki repanti vini nan sosyete moun Bondye: papa te abiye ti gason an ak yon bèl rad.v.22
2. Papa a rekonsilye avè'l: Li fè mete yon bag nan dwèt li. v.22
3. Li fè mete bon soulye nan pye l. Sa vle di, depi ou konvèti ou dwe gen yon zèl, ou dwe dispoze al preche levanjil. Li devwe. Ef. 6:15

III. Ki pwomosyon repantans la genyen
1. Papa a kontan ak tout moun. Li fè fèt pou pitit li. V.23
2. Li mete pitit la a lonè, li prezante li a envite yo. «Pitit mwen sa nou wè laa, li te fini ak la vi'a. Li te mouri. (*Li di mouri, li pa te ale nan vakans ni al etidye*) men li resisite. V.24.
3. Lè pou Bondye fòse nou repanti, li kite kèk gwo malè rive lòt moun (siklòn, tranbleman de tè, dife) ou byen li frape nou, men li pa touye nou pou nou gen tan pran yon desizyon.

Pou fini
Nou di Bondye mèsi paske li te pwoteje w. Deside w vit. Se pa sèlman moun ki fè tèt di ki pwal nan lanfè, men se tout moun yo k ap di demen ya gen tan an. Konsèy mwen ta bay ou se vini kounyea.

Kesyon

1. Ki sa konvèsyon an ye?
   Yon chanjman kè, ak tout yon chanjman de vi.

2. Ki sa repantans lan ye? Yon chanjman nan konpòtman, nan dirèksyon pou kite sa wap fè ki mal.

3. Ki jan repantans la pwodwi? Nou vire do bay peche lòske Lesentèspwi Bondye touche kè nou.

4. Ki sa repantans la pote? Bondye asèpte nou nan sosyete li. Li abiye nou ak jistis li. Li pare nou pou nou ale sèvi li.

5. Ki pwomosyon repantans nan bay? Papa kontan. Li pa jennen prezante nou devan moun. Li pa pè bay nou fè travay pou li.

6. Kòman Bondye fòse nou repanti? Li fè nou reflechi lè nou wè gwo malè k ap rive lòt moun. Li kap frape nou tou pou fè nou kite dezòd.

Leson 5 - Repantans La (swit)

Tèks pou prepare leson an: Eza. 45:22; Jowël 2:13; Trav.2:29-38; 3:12-21;
Tèks pou li nan klas la: Lik. 13:1-5
Vèsè pou resite: Tounen vin jwenn mwen pou nou ka delivre, nou tout ki rete sou latè! Paske se mwen ki Bondye. Pa gen lòt! Eza 45:22
Fason pou anseye leson an: Diskisyon, kesyon
Bi leson an: Ede chak moun ki pa konvèti rekonèt ke li pèdi e ke li nesesè pou li pran chimen levanjil la.

Pou kòmanse

Repantans la se yon sijè tout moun konnen nan langaj levanjil la. Ki moun menm ki ka di mwen, ki sa repantans la ye? (*Monitè: bay elèv yo yon titan pou reponn*) Kounyea, kite'm di nou koman yon jèn sòlda kretyen te bay nou yon repons: Repantans la se: Kanpe, fè voltefas epi mache!

(Monitè a ka rakonte byen vit istwa anfan pwodig la, ou byen yon lòt istwa sou repantans. Montre ki jan li te gaspiye vi li)
 a. Lanmou li te gen pou plezi mond la. Lik.15:13
 b. Pwòp desizyon li pou li ale viv nan fason li vle lwen papa li.
 c. Vi vanite li, ak tout vye dezi li. v.13
 d. Desèpsyon yo li pran (*grangou, touni, imilyasyon, kè kase*) v.14
 e. Retou li kay papa li (*jwa, lapè, bonè*) v.18

I. Bagay ke repantans la pa ye
1. Remò, ki yon regrè paske yo kenbe w nan sa wap fè ki mal, ou byen mal la pa reyisi. Pran egzanp Jida. Mat.27:35
2. Mete dlo nan je.
3. Ale touye tèt ou pa vle di repantans. Jowèl.2: 13

II. Sa repantans la ye
1. Pran konsyans: regrete fòt ou yo opwen ke ou abandonen yo.
2. Yon Chanjeman nan konpòtman w. Lik.15:17
   a. Devan Bondye
   b. Devan peche w. Eza.45:22

III. Ki sa repantans la bezwen
1. Yon regrè de fòt ou kan Lesentèspri flache kè w. Jan 16:18
2. Pou ou ka sove anba pèdisyon. Jan.3:16
3. Pou peche ou yo padonen. Trav.3:19

Pou fini
Bondye ap tann nou ak de bra li byen louvri. Fè tankou anfan pwodig la. Fè yon ègzamen de ou menm. Wè ke ou pa merite gras Bondye. Vin jwen Jezi kounyea.
(*La, monitè a ka tou fè yon envitasyon pou moun konvèti.*)

Kesyon

1. Ki sa repantans la ye?
   Kanpe, fè voltefas, kriye an avan

2. Ki moun ki dwe repanti
   Tout pechè pèdi

3. Ki diferans nou fè ant remò ak repantans?
   Remò se yon regrè ou genyen paske ou avili. Repantans se travay Lesentespri ki denonse Satanlediab nan la vi w pou mete nanm ou nan libète.

4. Ki sa ki ka rive si nou pa repanti?
   Nap mouri nan peche nou

5. Ki moun ki vle aksepte Jezi kòm sovè li?

Diskisyon

1. Yon moun di: Mwen konvèti depi lè mwen te batize nan legliz katolik.
2. Yon lòt di: Tout relijyon se esplwate y ap esplwate moun. Se kè mwen m ap swiv pou' m ka sove.

Leson 6 - Peye Dèt Ou

Tèks pou prepare leson an: Mat.5:25; 18:15-22;Lik.19: 1-10; 18:14; Jan21:5-17; 1Kor.6;4-5; Kol.3:13; 2Kor.5:16-21; Fil.4:8; 2Tim.3:16-17; Jak.5:16
Tèks pou li nan klas la: Mat.18:15-22
Vèsè pou resite: Se pou nou konfese peche nou yo yonn bay lòt. Se pou yonn lapriyè pou lòt, pou nou kapab geri. Lè yon moun ap viv dwat devan Bondye, lapriyè moun sa a gen anpil pouvwa.Jak.5:16
Fason pou anseye leson an: Diskisyon ak kèksyon
Bi leson an: Montre nesesite nou gen pou rekonsilye ak Bondye, ak pwochen nou tou

Pou komanse

Depi jou nou te konvèti Jezikri abiye nou ak manto jistis Bondye. Li pran tan pou depouye nou ak movèz mès, ak fòt nou te komèt lontan nan la vi nou. Li fè sa pou pèmèt nou mache ansanm ak Li. Depi kounyea, nap gen pou konfese, pou temwaye epi tou, renmèt moun sa nou dwe yo.

I. **Ki sa konfesyon an ye?**
   1. *An nou di tou dabò ki sa li pa ye*:
      a. Se pa yon resitasyon de fòt nou te komèt ke se avan ke se apwe konvèsyon nou.
      b. Se pa rakonte a yon zanmi tò nou te fè a yon lòt moun. Sa kap soulaje konsyans nou, men li pa mete la pè ak moun ou te fè mal la. Nou fè sa byen souvan paske lògèy nou pa bay nou kouraj pou nou mande padon.

2. *Ki sa konfesyon an ye*
Se avwe tò ou a moun nan ou te fè mal la, ak anpil simisyon san ou pa chèche èskize tèt ou. Si ou te malfèktè, lougarou, asasen, zenglendo ou chimè, ou dwe avwe tò ou.

II. **Kounyea an nou tande temwayaj ou.**
1. Ou dwe di devan tout moun ki sa Kris fè nan la vi w.
2. Tout moun dwe wè chanjman ki fèt nan la vi w.
3. Menm kouraj ou te gen pou fè mal la, se menm kouraj ou dwe gen pou konfese l. Se lè sa piblik ki te deja konnen l, a di ke ou konvèti tout bon vwe.

III. **Ou dwe peye dèt ou**
Ou dwe repare dega ou te komèt, kelke swa sa li kap koute w (*Pa egzanp: si ou te vòlò afè moun, si ou dwe moun lajan, si ou te prete afè yon moun, si ou te gate afè yon moun, si ou te detwi repitsayon yon moun, ou dwe repare sa. Sèlman si ou te gate pitit fi yon moun, ou dwe gen kouraj pou wè paran li ou byen pastè a pou repare onè fiy a.*)

Ou dwe fè la pè ak lènmi w yo. Si ou vle fè sa, se pou rou pran tò yo mete sou do'w pou bay avantaj a levanjil Jezikri a. Pouki sa? Se paske li menm ki te inosan, li te pran plas koupab, li te mete tò nou sou do li pou sove nou. Mat.5:25; 2Kor.5:21

Si ou pa gen mwayen pou renmèt zafè moun ou te gate, se pou w ofri tèt ou pou rann moun nan yon sèvis pou ranplase domaj ou te fè a. Lik.19:8

IV. **Ki rezilta nou kap jwen?**
Ou vin gen jwa nan kè w paske ou santi ou soulaje. Lik.19:9

Sosyete a kap asèpte w ankò. Otreman, si se èskiz wap fè, ya va meprize w; yo va di ou pa gen kouraj, ou san karaktè. Lik.18:14

V. **Ki jan ou kap rive fè sa?**
 1. Tou dabò ou priye, ou li bib ou; apre sa ou ale jwen moun nan ou te fè tò. Fili .4:8; 2Tim.3:16-17
 2. Si ou kwè lòt moun nan pral fè rezistans, ou chèche yon moun ki gen gwo moral, pou akonpaye w pou fasilite rekonsiliasyon an. 1Kor.6:4-5
 3. Si se rou ki te viktim nan, li va ankò pi fasil pou rankontre moun nan ki te fè w abi a. Ou kap di li: «Untèl, si mwen vin kote w jodia, se paske mwen konvèti. Jezi ap pale nan kè'm. Se pou rezon sa mwen vin padonen san okenn kondisyon.»
 4. Se pap nesesè pou retounen sou bagay yo ki te pase a. Se pou w fè tankou Jezi lè li tap rekonsilye ak Pyè. Li pa janm mansyone zafè Pyè ki te nye li a. Jan.21: 16-17

Rezilta:
 1. Moun nan kap pase w nan tenten. Lè konsa di « Beni swa Letènèl"
 2. Moun nan kap asèpte rekonsilye. Lè konsa di « Beni swa Letènèl"
 3. Moun nan kap rive konvèti tou. Lè konsa di « Beni swa Letènèl"
 4. Moun nan kap di tou «Ou vin fè ti figi. Lè konsa di «Beni swa Letènèl»
 5. De tout fason, ou pa pèdi, men Jezi chanpyon. Sa ki konte, se rou ki pou fè premye pa a. Se moun nan ki gen plis

zanmitay ak Jezi ki ka fè l. Li rèd, men se li ki konte.

Pou fini

Sak pèdi a se li ki genyen. Tanpri, asèpte pèdi tit gwo nèg ou a ak tit gwo nègès ou a pou Kris kap chanpyon sou Satanlediab ki sèl majò jon kounyea nan la vi ou.

Kesyon

1. Ki sa konfesyon pa ye? Resite peche ou te komèt. Rakonte moun sa ki te pase w ak yon lòt moun.
2. Ki sa konfesyon an ye? Avwe tò ou san ou pa chèche èskiz. Ki sa pou'w temwaye? Sa Kris fè nan la vi w.
3. Ki sa pou'w fè ak dèt ou yo? Ou dwe peye yo. Ou dwe repare tò ou te fè a lòt moun.
4. Ki rezilta ou kap jwen?
    a. Ke'w va soulaje.
    b. Lespri Bondye va chita nan la vi w.
    c. Ou kap rejwen esti m moun nan sosyete a.
4. Ki jan pou w kap rekonsilye a?
    a. Ou lapryè avan.
    b. Ou kap pran yon moun ki gen moral pou akonpaye'w.
    c. Ou pa retounen sou sa ki te pase a.
    d. Ou pa dwe chèche gen rezon, pito ou pran tò a pou tèt pa w tankou Jezu te fè pou sove nou.
5. Ki sa ou kap jwen kòm rezilta?
    a. Moun kap pase'w nan tenten
    b. Moun nan ka di ou vin fè ti figi
    c. Moun nan kap dakò tou kòm li kap pa dakò tou.
6. Ki atitid pou genyen? Se pou w di «Ben swa Letènèl» pou tout sa ki kap rive.
7. Ki moun ki dwe genyen? Jezi
8. Ki moun ki dwe pedi? Satan

Leson 7 - Konnen Doktri n Ou

Teks pou monitè a: Egz.20:3; Det.6:13; 8:3; Mat.3:15; 5:3; 6:14; 16:18; 17:21; 28:5-20; Mak 10; Lik.22: 14-20; Jan.3:3-16; 5:39; 6:56; 16:13; 20:23; Trav.1:11; 1Kor.11:26; Ef.2:8; Kol.3:13; 2Tm.1:14

Tèks pou li nan klas la: Mat.4:1-10

Vèsè pou resite: Jezi reponn li: Men sa ki ekri: Moun pa kapab viv ak manje ase. Yo bezwen tout pawòl ki soti nan bouch Bondye tou. Mat.4:4

Bi leson an: Ankouraje kretyen yo pou yo etidye Pawòl la

Fason pou nou anseye leson an: Diskisyon, repetisyon ak Kesyon

Pou komanse

Depi Jezi te gen douzan, li te deklare Mari ak Josèf ke se zafè papa l li te vin regle. E puiske tout moun yo pat konn sa, li dwe fè yon parèt nan sosyete a pou fè konnen ki moun li ye. Depi lè sa, li degaje li louvwi yon lekòl. Nou pral wè ki lekòl sa.

I. Li louvwri kaye enskripsyon li

Pou yon moun kap vini jwen li, fòk li kalifye. Pou w kalifye, fòk ou pechè. Kòm tout moun pechè, tout moun kalifye pou resevwa enstriksyon nan pye Jezi.

1. Li di: vin jwen mwen moun ki fatige, ki chaje, moun lasosyete refize yo. Vini ma bay nou repo. Mat. 11:28
2. Vini tout peche pèdi, jwif ou pa. Jan 5:39
3. Vini tout moun, ke ou save, ke ou pa save. Mat. 2:1-2; Jan.12:32
4. Vini moun ki emb yo. Mat.5:3

5. Vini, vini menm fanm ak ti moun, vini. Mak.10:14; Lik.7: 36-39

II. Ki sa li anseye nan lekòl li a?

1. Li bay la vi etènèl gratis, depi ou gen lafwa nan li. Jan.3:16; Ef. 2:8
2. Li gen yon Sali gratis pou tout pèp sou la tè. Ou ne de nivo. Jan.3:3-7
3. Peche'w padonen gras a san li ki te koule. Jan.1:29
4. Ou dwe batize onon le Pè, Lefils ak Lesentèspri. Sa vle di ou kanzo, ou lansinen nan levanjil, ou fonde nan Pawòl li. Mat.3:15; 28:19-20
5. Ou dwe fè la sèn regilyèman pou fè w sonje toutan ki sakrifis li te fè pou sove'w. Lik 22:14-20
6. Ou dwe aprann padonen. Mat.6:14; Kol.3:13
7. Ou dwe rekonsilye ak Bondye, ak pwochen'w tou. Mat. 18:15-17
8. Ou dwe pran pawòl la tankou yon bon manje. Jan.6:56
9. Ou dwe konnen ke legliz se kò Kris la. Mat.16: 18; Ef. 6:23
10. Ou dwe pran la priye ak jen tankou yon nouriti. Mat.6:9; 17:21
11. Ou dwe bay la dim nan tout sa ou gen. Mat.22:21
12. Ou dwe rekonèt otorite apòt yo, pastè legliz ou. Jan.20:23
13. Ou dwe mennen yon vi sanktifye. Mat.5:48
14. Ou dwe anonse mesaj lanmò ak resireksyon Kris jiskaske li tounen. 1Kor.11:26

15. Ou dwe konnen Kris ale, men lap tounen. 1Kor.11: 26; Trav. 1:11
16. Ou dwe plase vi'w sou aksyon Lesentèspri. Jan.16:13
17. Jezi mande pou nou viv ak tout pawòl ki soti nan bouch Bondye. Se ak pawòl sa li chase Satanlediab. Egz.20:3; Det. 6:13; 8:3
18. Pòl rele pawòl sa: «Bon Depo». 2Tim.1:14

Pou fini

Pa kite Jezi vin repwoche nou pou absans nou nan Lekòl Dimanch , nan Etid Biblik, nan Klas Katekimèn, ou byen nan Lekòl Biblik, nan Seminè. Se Lekòl li! Toujou gen plas. Vin enskri nan lekòl li a pou'w sa gen la vi etènèl e pou w sèvi li.

Kesyon

1. Ki moun Jezi rele pou vini nan lekòl li?
   Tout moun
2. Di 10 sije li trete nan lekòl li a.
   Lafwa, La Gras, Padon, Lasèn, Batèm, Rekonsiliasyon, Sentèspri, Lanmò, Resirèksyon, Retou Kris
3. Ak ki li chase Satan?
   Ak Pawòl la.
4. Ki èskiz Jezi gen pou moun ki pa li Pawòl la?
   Pa gen eskiz
5. Ki kote lekòl sa ye?
   Nan Lekòl Dimanch, Etid Bibliq, Klas Katekimèn, Seminè, Lekòl Biblik

Leson 8 - Batèm Evanjelik La, Se Yon Obligasyon

Tèks pou prepare leson an: Mat. 3:11-12; 28:19-20; Lik. 7:29-30
Tèks pou li nan klas la: Tra. 8:34-40
Vèsè pou resite: yè reponn yo: Tounen vin jwenn Bondye, epi yonn apre lòt vin resevwa batèm nan non Jezikri, pou Bondye padonnen tout peche nou yo. Apre sa, n'a resevwa Sentespri, kado Bondye a.
Tra. 2:38
Fason pou anseye leson an: Diskisyon, kesyon
Bi leson an: montre plas batèm nan delivrans kwayan an

Pou kòmanse
Poukisa mwen bezwen batize puiske batèm pa sovemoun? Ebyen, pran bib la pou jwen repons ou:

I. Sa batèm evanjelik la pa ye. Mat. 3:6-11
   1. Batèm pa yon sakreman ki efase peche Adan nan lavi nou e kifè nou vin pitit Bondye e pitit legliz. Anverite, se pa vre.
   2. Li pa yon mwayen pou lave gwo peche kèk moun komèt.
   3. Li pa batèm de repantans la ou byen batèm Jan Batis te vini avè l la.
   Pouki sa?
   a. Paske batèm Jan Batis la, se te yon fòm de preparasyon pou anonse yon lòt kontra.
   b. Li te deja dispoze jwif yo pou yo aksepte Jezi tankou Mesi a ki te gen pou vini an.
   c. Li te bay favè padon pou peche, men li pa te bay don Lesentèspri. Trav.2:38; 19:6

II. **Ki sa batèm nan ye**
1. Se yon senbòl ki montre ke nou te fè yonn avèk Kris nan lanmò li. Menm jan papa fè li soti vivan nan lanmò a, konsa tou ak fòs pouvwa li, nou kapab soti anba lanmò pou nou mennen yon lòt vi. (*monitè a eksplike*).Rom.6:4-10
2. Se yon engajman de bòn konsyans (*monitè a eksplike*). 1 Pyè. 3:21
3. Plonje nan dlo nan non Jezi, Papa a ak Sentèspri a.

III. **Ki kondisyon batèm nan mande.**
1. **Lafwa kwayan an.** Moun ki kwè, se li ki va batize. Mak.16:16. Ti bebe a ki nan kouchèt la pa kapab kwè pou li batize. Li pa ka non plis pran yon bon angajman ak konsyans li. Li ponkò gen lèspri pou sa. **Konsa, nou prezante timoun piti yo otanp, men nou pa batize yo.**
2. **Lobeyisans a lòd Senyè a.** Moun ki di li kwè e ki pa batize, pwal kondane. Mak 16:16
Lè ou batize ou va gen don ak manifestasyon Lesentèspri. Trav.2:38; 19:6
3. Tout moun ki refize batize, Bondye anile plan li te gen pou yo. Lik.7:30

IV. **Lavi kretyen an apwe li fin batize.**
1. **Yon lòt lavi,** lwen mond la e lwen peche.2 Kor.5:11
2. **Yon vi de sèvis.** Vi nou konsakre pou sèvi mèt la selon talan yo li bay nou. Rom.12:1a 8

Pou fini

E kounyea, pouki sa ou pa batize? Nou envite w vini devan tout moun manifèste fwa ou nan sèvis batèm sa. Pouki sa? Paske Bondye bezwen moun ki pran angajman pou fè travay li. Moun kap rete gade lonbwaj yo nan dlo pa kap sèvitè Bondye.

Kesyon

1. Ki sa batèm pa ye?
   Li pa yon sakreman pou efase peche Adan nan la vi nou.

2. Ki sa batèm nan ye?
   Yon angajman ou pran ak Bondye ak tout bon konpran ou.

3. Ki sa batèm mande?
   Lafwa nan Bondye, lobeyisans a volonte Bondye.

4. Eske batèm sove moun? Non.

5. Ki sa ki rive si ou refize batize?
   Bondye anile tout plan li te gen pou rou.

6. Ki pwèv nou gen de yon vrè batèm?
   Moun batize a li resevwa Lesentespri, li gen yon lòt kondit, yon vi de sèvis e de sakrifis.

Leson 9 - Lagras Yon Favè Bondye Fè Nou Ke Nou Pa Merite

Tèks pou prepare leson an: Jan. 20; Rom. 6:21; 10:9; Eb. 2:3; 12:14

Tèks pou li nan klas la: Ef. 2:1-10

Vèsè pou resite: Se paske li renmen nou kifè li delivre nou, nou menm ki mete konfyans nou nan li. Sa pa soti nan nou menm menm, se yon kado Bondye ban nou. Non, nou pa fè anyen pou sa. Konsa, pesonn pa ka vante tèt yo. Ef. 2:8-9

Fason pou anseye leson an: Diskisyon, kesyon

Bi leson an: Montre ke Bondye Li menm sèl te peye dèt peche nou yo.

Pou kòmanse

Nou sove pa lagras, pa mwayen lafwa, ki moun ki pwal fè nou kwè yon lòt bagay? Me kesyon nou an:

I. **Sa ki fè nou sove pa gras?**
   1. Se paske san bèt pa ka retire peche nou. Eb.10:4
   2. Bon zèv nou yo, pelerinaj, bèl ofrann nou, pèseverans nan legliz, relijyon nou, pa kapab retire jèm peche nan la vi nou. Ef.2: 9; 1Jan.1:7b
   3. Tanperaman nou, gwo klas nou fè, edikasyon nou, efò pèsonèl nou pa ka sove nou. Rom.3:10-11
   4. Bondye sèl te peye dèt peche nou. Jan.3:16
   5. Si nou pèdi gras sa, nou pèdi pou tout lavi nou. Eb. 2:3

II. **Kòman nou ka genyen'l?**
Nou dwe rekonèt:
   a. ke se pechè pèdi nou ye. Rom.6:23
   b. ke nou pa kapab sove tèt nou. Rom.6:23b
   c. ke Bondye te fè tout bagay pou sove nou. Rom.3:23b
   d. ke nou dwe kwè nan Jezi kòm sovè nou. Jan.20:28.

III. **Pwovizyon gras sa.** Jan. 14:14; Gal. 4:7
   1. Peche nou lave nan san Jezi. Jan.1:29
   2. Nou se pechè ki rekonsilye ak Bondye gras a Jezikri. 2Kor.5:19-20
   3. Nou rekonsilye ak nou menm paske nou kite vye zèv nou te konn fè lontan yo. Rom.13:12
   4. Nou vin eritye Bondye gras a Kris. Rom.8:17
   5. Bondye ka reponn priyè ke nou fè nan non Jezi. Jan.9:31; 14:14

IV. **Prèv ke gras sa nan nou.**
Rom 6:21; 10:9; Eb. 12:14
   1. Nou kite move zak epi nou chèche sanktifikasyon.
   2. Nou temwaye pou Bondye epi nou bay Li glwa. Rom.10:9

Pou fini
Si tout bon nou sove pa gras, se pou pawòl Bondye rete nan vi nou pou nou akonpli zèv li yo.

Kesyon

1. Sa gras la ye?
   Se yon favè Bondye fè nou ke nou pa te merite

2. Konbyen nou dwe peye pou nou sove?
   Anyen. Bondye bay tout bagay.

3. Ki sa nou jwen nan la gras?
   Peche nou padonen, nou rekonsilye ak Bondye, ak tèt pa nou tou. Nou vin eritye Bondye. Li gen dwa reponn priye nou.

4. Kòman nou ka sove pa gras?
   Lè nou kwè nan Jezi kòm sovè nou.

5. Bay 3 prèv pou pi piti ke gras sa nan nou.
   Nou gen Lesentèspri. Nou kite vye zak nou yo e nou temwaye pou Kris.

Leson 10 - Lafwa Nan Sali Moun Ki Kwè

Tèks pou prepare leson an: Rom.1:17; 10:17; Ef. 2:1-10; Eb. 11
Tèks pou li nan klas la: Ef.2:1-10
Vèsè pou resite: Nou konnen pesonn pa ka fè Bondye plezi si li pa gen konfyans nan Bondye. Moun ki vle pwoche bò kot Bondye, se pou yo kwè gen yon Bondye, yon Bondye k'ap rekonpanse tout moun k'ap chache li. Eb.11:6
Fason pou anseye leson an: diskisyon, kesyon
Bi leson an Montre ròl lafwa nan delivrans

Pou kòmanse
Pou m ta di w byen, konvèsyon ak repantans se ta va pwemye kontribisyon lòm nan sali li. Li dwe chanje vi. Li dwe chanje direksyon ak konpòtman'l. Mirak sa posib sèlman pa lafwa. Sa lafwa ye?

I. **Sa lafwa ye? Eb 11:1**
   1. Se kwè nan yon bagay wap espere; se yon demonstraksyon de bagay ke ou poko wè.
   2. Se mache nan rout la je fèmen. Se kwè nan sa ou pa janmen wè.
   3. Se yon gras Bondye. Ef.2:8

II. **Kote li soti?**
   1. Se pa nan relijyon, nan zèv, nan eksperyans ni nan konesans.
   2. Lafwa soti nan sa nou konprann, nan sa nou kenbe nan pawòl Bondye a. Rom.10:17; Ef.2:8

III. **Ki pouvwa li**. Mak. 9:23; Ef. 2:8; 6:16
 1. Se pa mwayen sa nou sove.
 2. Se zam ki pi fò pou gen viktwa sou Satan.
 3. Se yon lajan ki pi fò pase dola meriken ou yen japonè ou byen liv sterling anglè. Ak lafwa nou ka genyen nan Bondye menm sa ki enposib.

IV. **Ki kote li kap rive?** 2 Tim. 4:7
 1. Nou kap sèvi avè l jis nou mouri.
 2. Ak lafwa nou kap fèmen bouch moun ki mechan tankou lyon yo, nou kap tenyen dife kolè moun ki sou tèt nou yo, nou kap fè yon lame pèsekitè kouri devan nou, nou kap geri malad epi sove pechè yo.

V. **Ki fason pou'n kenbe lafwa**. Gal. 2:20
 1. Viv nan la priyè. 1Tès.5:17
 2. Kouri lwen peche ak tout bagay ki kap antrave nanm nou. Eb.12:1
 3. Oliye nou plenyen nan pwoblem yo, bay Bondye glwa pito.1 Kor.10:10
 4. Obeyi Bondye san konprann. Konnen ke se li kap viv nan nou. Gal.2: 20

Kesyon

1. Ki sa lafwa ye?
   Se yon favè Bondye fè nou. Se kwè san ou pa wè

2. Kote lafwa soti? Nan konesans pawòl Bondye

3. Ki puisans li gen ladan?
   Nou kap gen viktwa sou Satanlediab.
4. Ki kote la fwa kap rive?
   La fwa ak kenbe nou jis mouri.

5. Ki jan pou nou gade la fwa?
   Nou dwe mennen yon vi dobeyisans, yon vi nan la priye ak sèvis Bondye.

Leson 11 - Jèn Nan, Yon Rejim Espirityèl

Tèks pou monitè: Egz. 34:28; 1 Wa. 19:8; Sòm. 35:13-14; Eza. 58; Mat. 4:2; 9:14-15; 17:21; Tra. 13:2
Tèks pou klas: Mat. 17:14-21
Vèsè pou resite: Men, kalite lespri sa yo, se fòs lapriyè ak jèn ki pou fè yo soti. Mat. 17:21
Fason pou anseye leson an: Diskisyon, kesyon
Bi leson an: montre jèn nan tankou yon sekrè pou nou gen laviktwa.

Pou kòmanse

Tout gran sèvitè Bondye yo te konn fè jèn ak lapriyè. Ni Moyiz, ni Eli, ni Jezi, tou le twa te fè jèn pandan 40 jou san manje. Pou anpil nan yo, jèn lan se te yon sous de rekonfò. Men eske yo pat gen yon rezon pou sa? An'n gade jèn lan ak ki sa li pote.

I. **Tou dabò an nou wè diferant kalite jèn**
   1. **Te genyen jèn pa abitid.** Jwif yo te konn fè li chak ane, nan mitan mwa sèktanm. Eza.58:3; Trav .27:9
   2. **Te gen jèn ki te fèt pou bezwen pèsonèl.** Lè sa moun yo imilye yo devan Bondye akòz chagren yo genyen nan kè yo. Sòm.35:13
   3. **Te gen jèn tou ki fèt si gen yon ka ijan.** Nou wè Wa Jozafa ki te pibliye yon jèn lè Moabit yo, Mawonit yo ak Amonit yo te vin atake li toudenkou. 2 Kwo.20:1

II. **Answit an nou wè ki kondisyon ki gen nan jèn**
   1. Fòk ou imilye w, answit konfese w devan Bondye. Eza.58:5; Jak 4:16
   2. Fòk ou repanti de peche w. 2 Kwo 7:14
   3. Fòk ou gen pitye pou pwochen'w. Eza.58:3, 7

4. Fok ou gen dispozisyon pou lwe Bondye ni avan ni apre sèvis jèn nan. 2Kwo 20:21-22

III. **E konneya an nou wè rezilta jèn yo**
1. Ou gen viktwa sou lènmi yo. 2 Kwo. 20:3, 23
2. Pou Jozafa, li te sèlman rete gade, e li wè tou le 3 lènmi yo len bat lòt.
3. Ou gen viktwa sou demon yo. Mat. 4:10;
4. Pa egzanp, Jezi te wete yon malkadi nan kò yon jen gason. Mat. 17:21
5. Ou gen gerizon nan kò'w ak nan nanm ou. 2 Kwo. 7:14
6. Ou gen delivrans pou peyi a anba lan mizè, anba Satanlediab. Mat.17:21
7. Bondye bay ou gwo revelasyon. Tra. 13:2
8. Ou gen pi bon lasante. Sòm.34:6

Pou fini
Konsa jèn lan se sekrè moun ki konn lite sou jenou yo nan lapriyè. Jèn nan se yon rezèvwa pisans. Si ou vle ogmante fwa w, pou'w gen viktwa sou lenmi w yo, jete w nan jèn ak lapriyè.

Kesyon

1. Ki sa jèn nan ye?
   Rete san manje ni bwè pou yon bon bout tan.

2. Bay 3 kalite jèn ke ou konnen : Jèn pa abitid, jèn pou yon bezwen pèsonèl, jèn pou yon ka ijan.

3. Ki kondisyon pou ranpli pou yon bon jèn?
   Fok ou imilye w, ou repanti, ou gen pitye pou pwochen'w. Fòk ou tou prêt pou lwe Bondye avan e apwe jèn nan.

4. Kisa nou ka espere aprè yon jèn? Yon repons de Bondye

5. Ki sa ou dwe evite lè wap fè jèn? Evite fè figi 'w flengen. Pa mache di moun ou soti fè jèn.

Leson 12 - Lapriyè

Tèks pou preparasyon an: Sòm.70; Mat.6: 9-15; Lik. 18:11-14; 22:44-46; Fil.4:6-8; 1Tès.5:17
Tèks pou li nan klas la: Lik. 18:1-8
Vèsè pou resite: Pa janm sispann lapriyè. 1Tès. 5:17
Bi leson an: Pale de lapriyè kòm yon sous lagras nou jwen nan Bondye.
Fason pou anseye leson an: Temwayaj ak Kesyon

Pou komanse:
Pouki rezon pou m ta lapriyè si Bondye pap reponn? Anverite, mwen ta renmen konn priye pou Bondye sa reponn mwen.

I. **Ki sa la priyè ye?**
   1. *An nou di tou dabò ki sa li pa ye*:
      a. Se pa yon litani ni yon bann pale anpil pou gremesi. Mat.6:7
      b. Se pa resite priyè ki nan papye san ou pa byen konnen sa wap di.
      c. Se pa kanpe ap fè jès, ni ap fè bri pou fè moun wè.
   2. *Ki sa lapriyè ye:*
      a. Lapriyè se nanm ou kap rèspire. Se mande ou mande Bondye pou li antre nan fon kè w.
      b. Lapriyè se yon kominyon andirèk ak Bondye ke moun pa fèt pou deranje. Li pa dwe gen okenn sen ni pwotektè nan mitan pou bay yo fè komisyon pou wou kote papa Bondye.

c. Lapriyè se yon gwo kout rèl, wap rele anmwe sekou bay Bondye pou yon delivrans.
d. Lapriyè se yon telegram, se yon fax, se yon e-mail, se yon kout fil 911 ou voye bay Bondye pou li parèt ou pou li reponn ou kounyea, kote ou kanpe a. Sòm 70.
e. Lapriyè konn yon gwo plenn, yon gwo soupi wap fè nan pye Bondye. Lik. 18:1-8
f. Anfen, lapriyè se yon gwo miray ou leve devan yon falèz tantasyon pou toudisman pa fè'w tonbe nan peche. Lik.22: 46

II. Nan ki kondisyon pou Bondye reponn priyè nou

1. Priyè a dwe fèt onon de Jezi. Se Li menm ki te montre disip yo priye «Papa nou ki nan syèl la». Lè nap priye, Jezi priye tou. Si priyè nou pa gen siyati li anba l, Papa Bondye pap reponn priyè nou. Mat.6:9
2. Priyè a dwe fèt ak simisyon. Lik 18:11-14
3. Li dwe fèt ak èspri de padon a moun ki fè nou mal. Mat.6:14-15
4. Li dwe fèt ak yon kè ki pi. Mat.5:8
5. Li dwe fèt ak pèseverans. Lik.18:1-8
6. Li dwe fèt ak lafwa. Jak.1: 5-7
7. Li dwe fèt tou ak anvi pou di Bondye gremesi. Fili. 4:6-7
8. Li dwe fèt ak yon anvi pou Bondye desann. Lik 22:44
9. Priyè dwe fèt san jalouzi pou sa Bondye fè pou lòt moun. Jak. 4:2-3
10. Priyè a dwe fèt san vanite, san lide pou fè moun wè ke wap priye. Mat.6: 5

III. E ki sa ki pase si Bondye pa reponn
1. Si ou fè demann nan ak gwo san, ak logèy nan kè'w. Jak.4: 3
2. Si Bondye pap jwen glwa nan sa wap mande a. Mat.6:13
3. Si ou pa konfese peche w tout bon. Jak.4:16
4. Nou kap byen poko pare pou resevwa benediksyon li. Lam.3:26
5. Pa bliye ke zafè reponn priyè a se jòb pa Bondye menm. Se pa mwayen sa li kap vin pi popilè. Men si nap viv nan peche, nou bay Bondye baryè pou li fè jòb li. Jak.4: 3-4

Pou fini:
Konnen byen ke «Priyè san rete vle di»: «Mete Bondye okouran de tout sa wap fè». Mwen ta konseye w: priye san rete.

Kèksyon
1. Ki sa lapriyè ye? Yon kominikasyon ak Bondye
2. Ki sa yon litani ye?
   Anpil repetisyon yon menm pawòl pou gremesi.
3. Ki kondisyon pou Bondye reponn priye nou?
   a. Li dwe fèt nan non Jezi.
   b. Li dwe fèt ak yon kè pi, ak espri padon pou moun ki ofanse nou.
   c. Li dwe fèt ak pèseverans, ak lafwa, ak rekonesans nan kè nou.
   d. Li dwe fèt ak anvi pou wè Bondye desann paske nou gen ijans
4. Ki sa ki kap anpeche Bondye reponn?
   a. Logèy nan kè nou, peche ki pa konfese.
   b. Li pap jwen glwa nan deman nou an.
   c. Nou kap poko pare pou resevwa benediksyon li.

REVIZYON VESE YO

| LESON | SIJE | VESE |

1. **Peche, Rezon Ki Fè Nou Pèdi** Rom.6: 8
   Si nou mouri ansanm ak Kris la, nou kwè nava viv tou ansanm avèk li.

2. **Konvèsyon An** Lik. 15:18
   M'ap leve, mwen pral tounen jwen papa'm, ma di li: Papa, mwen peche kont Bondye, mwen peche kont ou tou.

3. **Konvèsyon** Jan. 5: 38
   Nou pa kenbe pawòl li nan kè nou, paske nou pa kwè nan moun li voye a.

4. **Repantans La Se Yon Obligasyon** Tra. 2:38
   Pyè reponn yo: Tounen vin jwen Bondye, epi yon apre lòt vin resevwa batè m nan non Jezikri, pou Bondye padonen tout peche nou yo. Apre sa na resevwa Sentèspri, kado Bondye a.

5. **Repantans La** Eza.45:22
   Tounen vin jwenn mwen pou nou ka delivre, nou tout ki rete sou latè! Paske se mwen ki Bondye. Pa gen lòt!

6. **Peye Dèt Ou** Jak.5:16
   Se pou nou konfese peche nou yo yonn bay lòt. Se pou yonn lapryè pou lòt, pou nou kapab geri. Lè yon moun ap viv dwat devan Bondye, lapriyè moun sa a gen anpil pouvwa.

7. **Konnen Doktri'n Ou** Mat.4:4
   Jezi reponn li: Men sa ki ekri: moun pa kapab viv ak manje ase. Yo bezwen tout pawòl ki soti nan bouch Bondye tou.

8. **Batèm Evanjelik La, e Yon Obligasyon** Tra.2:38
   Pyè reponn yo: Tounen vin jwen Bondye, epi yon apre lòt vin resevwa batèm nan non Jezikri, pou Bondye padonen tout peche nou yo. Apre sa na resevwa Sentèspri, kado Bondye a.

9. **Lagras Yon Favè Bondye Fè Nou Ke Nou Pa Merite** Ef.2:8-9
   Se paske li renmen nou kifè li delivre nou, nou menm ki mete konfyans nou nan li. Sa pa soti nan nou menm menm. Se yon kado Bondye ban nou.

10. **Lafwa Nan Sali Moun Ki Kwè** Eb.11:6
    Nou konnen pèson pa kap fè Bondye plezi si li pa gen konfyans nan Bondye. Moun ki vle pwoche bò kote Bondye, se pou yo kwè gen yon Bondye, yon Bondye kap rekonpanse tout moun kap chèche li.

11. **Jèn Nan, Yon Rejim Espirityèl** Mat. 17:21
    Men kalite lèspri sa yo, se fòs lapryè ak jèn ki pou fè yo soti.

12. **Lapriyè** 1Tès. 5:17
    Pa janm sispann lapryè.

Seri 4 - La vi Nan Dezè A

Avan gou

Nan seri Leson sa, yo rakonte nou lavi pèp Izrayèl la depi li fin soti An Ejip jis li rive nan Peyi PRomès la. Leson sa yo sanble anpil ak lavi yon kretyen nan tout eksperyans lap fè, dapre relasyon li ak Bondye. Monitè a pral twouve anpil okazyon pou li atire atansyon elèv yo sou konpòtman pèp Izrayèl devan yon seri de sitiasyon ke Bondye li menm te mete sou rout li. Monitè, nou renmèt mayèt la nan men w!

Leson 1 - Premye Pa Yo

Tèks pou prepare leson an: Jen.3:2,6, 17, 23; Rés.20:8-11; 1Wa.19: 4,18; 2Wa.2:11; Lik.19:10; Jan.8:29; 3:35; Tra.7:23.30; Wo.3:23; 6:23; Ef.2:8; I Jan.1:7; Jid. 24

Tèks pou li nan klas la: Jan.8:28-29

Vèsè pou resite: Moun ki voye m' lan la avèk mwen. Li pa kite m' pou kont mwen paske mwen toujou fè sak fè l' plezi. Jan.8:29

Fason pou anseye leson an: Istwa, konparezon, kesyon

Bi leson an: Montre koman viktwa nou nan lavi depan de relasyon nou ak Bondye.

Pou kòmanse

Kèlke swa premye zak yon moun fè nan la vi, moun toujou sonje l pou yo pale de li.

Nan leson sa a, nou pral wè ki jan yon seri de moun te komanse la vi yo e ki rezilta li pote.

I. **Men kèk moun ki te kómanse la vi yo ak yon fo pa**
   1. **Premye moun ki te fè fo pa se Adan.** Li te dezobeyi yon lòd Bondye. Jen.3:2, 6

   Sa te lakòz:
      a. Bondye mete li deyò nan Jaden Eden nan. Jen.3:23
      b. Depi lè sa, lanmò pandye sou tout pitit Adan ak Ev. Wò.3:23; 6:23
      c. Latè vin modi akòz peche. Jen.3:17
      d. Jezi ki dezièm Adan an, li vini pou korije fo pa sa. Lik.19:10

2. **Dezyèm moun ki te fè fo pa se te Moyiz**:
Premye fo pa: Apre karantan ap etidye nan peyi Lejip, premye zak li te fè, se te touye yon ejipsyen a fòs ponyèt li. Li pa te menm konnen kijan poul tere l. Lè sa te twòp pou li, li te blije kouri kite peyi Legip. Egz.2:14-15.
Sa te lakòz tou:
Li ale pase karantan nan yon dezè. Se lè sa tou li pase karantan ap etidye nan lekòl Letènel pou l aprann
kijan pou li detwi lame fararon an e pou li bay Jwif yo libète. Sòm.136: 15; Trav.7:23, 30
Dezièm fo pa:
Lè Bondye te di li pou li pale ak yon wòch, Li pa koute Bondye, li fè kolè, li te frape wòch la 2 fwa.
Sa te lakòz tou:
Bondye dezomè li pou li pa rantre nan Peyi Pwomès la. Bondye revoke l, li mete Jozye nan plas li. Rés.20:8, 11
3. **Twazyèm moun nan, se Eli pwofèt la**. Li te fè yon fo pa tou:
Li te bay Bondye demisyon li poutèt Li pa te touye Jezabèl lè madanm sa te fè li yon menas. 1Wa 19: 4,18 Se te yon ògèy espirityèl ki fè l te vle kite djòb la.
Sa te lakòz tou:
Bondye te aksepte demisyon li a. Li pran ti domestik pwofèt la, Elize pou ranplase l. 2Wa.2:11
4. **Men yonn ki pat janm fè fo pa: Se Sove nou Jezikri Jezi**: Li te tante tankou tout moun, nan tout sa lap fè, san li pat janm fè peche. Ebre.4:15 Menm lè lap soufri sou lakwa, li te refize sove tèt li a kòz mwen menm ak ou. Lik.23:39

Rezilta obeyisans li:
a. Li sove nou pa gras, gras a lafwa. Efèz.2:8
b. Li pwoteje nou kont tout sa ki mal, epi li ban nou lavi ki pap janm fini an. Jan.10:28
c. Konsa li te korije fòt Adan an. Li lave tout peche nou yo ak san li. 1Jan.1:7

Tou le twa premye moun sa yo, Adan, Moyiz, Eli, gen yon kote yo sanble yonn ak lòt: Yo te peche paske yo te vle montre sa yo ka fè san volonte Bondye. Kanta Jezi li menm, li toujou fè sa ki kap fè Bondye plezi. Jan.8:29 Se poutèt sa, papa li renmen l epi li remèt tout bagay nan men l. Jan.3:35

Pou fini

Ak ki sa ou pwal kómanse ane an, job ou an, maryaj ou an? Mete Jezi nan la vi w pou w pa fè fo pa.

Kesyon

1. Ki fòt Adan te komèt? Dezobeyisans
2. Ki rezilta sa te genyen?
   Kondanasyon pou tout moun.
3. Ki sa ki te fòt Moyiz la?
   Yon desizyon ke li te pran ak kòlè.
4. Ki rezilta sa te genyen?
   Bondye anpeche l antre pèp la nan Peyi Pwomès la.
5. Ki sa ki te fòt Eli a? Li kwè ke li two inpòtan.
6. Ki rezilta sa te genyen?
   Bondye revoke Eli e li mete Elize nan plas li
7. Ki atitid Jezi te genyen?
Li te tante nan tout bagay san li pat fè peche pou sa.
8. Kòman kómanse pou fini an byen?
   Rete nan Jezi sèl.

Leson 2 - Soti An Ejip La, Konvèsyon Pechè A

Tèks pou prepare leson an: Egz. Chap 3, 5, 13, 14
Tèks pou li nan klas la: Egz.14: 13-18
Vèsè pou resite: Moyiz reponn pèp la: -Nou pa bezwen pè. Pran kouraj. Louvri je nou pou nou wè jan Seyè a pral delivre nou jòdi a. Moun peyi Lejip sa yo nou wè jòdi a, nou p'ap janm wè yo ankò.
Egz.14: 13
Fason pou anseye Leson an: Istwa, video, fim, kesyon
Bi Leson an: Reprezante Lejip tankou lèsklavaj peche kote Kris te fè nou soti.

Pou kòmanse

Lè delivrans la pou prizonye yo te sonnen. Men konbyen sa koute? An nou wè ki kote pèp la soti ak ki kote li prale.

I. Prèv esklavaj:

Li sot pase katsantrantan nan esklavaj anba men Fararon An Ejip. Egz.12:4

1. *Esklavaj nan fè kòve.* Yo tap fè kòve nan zafè fè brik pou bati gwo chato Fararon yo. Egz.5:7
2. *Esklavaj moral*: Fararon te rele yo parese paske yo te vle pran yon tan pou ale adore Bondye nan fason pa yo. Egz.5:17
3. *Esklavaj èspirityèl*; Yo te oblije adòpte dye moun ki tap domine yo a.Yo pat konnen Bondye ki piro nan syèl la.

II. Eprèv pou soti nan esklavaj sa

1. Sa te komanse ak yon erè Moyiz te fè: Li te vle delivre pèp la. Men lè li te touye yon Ejipsyen, li te blije sove, tankou yon asasen pou yo pat touye l tou. Egz.2:14-15

   Sa lakòz li te pase karantan nan dezè a. Se la li te kwaze ak Letènel ki te voye li An Ejip pou konbat Fararon. Lè li retounen An Ejip li te reyini tout ansyen moun Izrayèl yo pou li te ba yo yon demonstrasyon de misyon ke Bondye te bay li an. Men ki rezilta sa te genyen?

   a. Yo te rive kwè nan Moyiz. Egz.4:29-31
   b. Fararon te vin pi mechan epi li fè esklavaj la vin pi di pou Izrayèl. Egz.5:9-11
   c. Letènel te frape Lejip ak dis malè. Men sa ki te pi boule a, se lanmò tout premye timoun ak bèt ki te fèt yo. Lè sa, kè Fararon an te sote. Li te oblije siyen visa pou tout pèp la soti. Egz.12:31--32
   d. Bondye te fè pèp li a travèse Lamè Rouj san pye yo pat mouye. Egz.14:21 Li te detri advèsè li yo. Egz.14: 24-25

Konsekans

Pèp la te kwè nan Bondye epi nan Moyiz tou. Egz.14; 31

Aplikasyon: (*monitè: mande elèv yo pou yo fè yon konparezon de Lejip ak lavi nan Kris.*

Senbòl: Ejip se lemonn; Fararon se satan; Moyiz se liberatè Izrayèl; Lamè Rouj se zepwèv pou soti nan monn sa a vin jwenn Kris; ti mouton an se Jezi-Kri)

Pou fini:
E kounyea, pa gen koze retounen An Ejip ankò. Kwè nan Bondye, sèvi li e pi lwanje li pou sa li fè.

Kesyon
1. Konbyen tan pèp izrayèl la te pase nan esklavaj? Katsantran tan

2. Kiyès ki te vle sove li? Moyiz
3. Ki erè li te fè? Li kwè ke li tap kapab delivre pèp la ak fòs li.

4. Ak kisa Bondye te frape Lejip? Ak dis malè.
5. Kiyès te fè Fararon pè? Lanmò tout premye pitit yo nan peyi a.

6. Ak kisa Bondye te delivre pèp li a? Ak san yon mouton

7. Sa mouton an reprezante? Jezikri.

8. Kisa bagay sa yo reprezante: Ejip? Se Lemonn. Fararon? Se Satan. Mouton an? Se Jezikri

Leson 3 - Manje Pak La. Delivrans Pechè A

Tèks pou prepare leson an: Egz. 11:7; Chap.12; Travay.16:31
Tèks pou li nan klas la: Egz.12:1-13
Vèsè pou resite: San nou pase sou pòt yo va make kay kote nou ye a. Lè m'a wè san an, m'a sote kay nou. Konsa, lè m'ap frape peyi Lejip la, chatiman an p'ap tonbe sou nou tou. Egz.12:13
Fason pou anseye Leson an: Istwa, konparezon, kesyon
Bi Leson an: Montre ki jan delivrans la te fèt gras a sakrifis ti mouton an.

Pou kòmanse

Demach lòm yo bon; men kote delivrans la ap soti?

I. An nou wè tout mwayen preliminè ki pa te delivre

Dis malè An Ejip yo: Dlo tounen san, krapo yo, pou yo, mouch pwazonnen yo, lanmò troupo yo, gwo maleng yo, lagrèl, krikèt yo, fè nwa kon fou, lanmò tout premye pitit yo. Fararon pa te bay Moyiz le gen, paske li te kwè ke gen anpil dye kap domine syèl yo, anro ak anba latè tout. Li pat fache paske se sèlman Ejipsyen yo ki te viktim, men tou paske dye pa li yo te pèdi prèstij yo devan Moyiz. Egz.1: 12 Nan moman sa, Ebre yo tap viv menm kote ak moun An Ejip yo, ni yo pa te viktim pou sa. Egz 11:7

II. **An nou wè mwayen estraodinè ki delivre: Se te aksyon ti mouton an**
   1. Izrayèl te dwe manje yon mouton an fanmiy. Se te siy delivrans pèsonèl epi siy yon linyon èspirityèl nan fanmiy yo. Travay.16:31; Egz.12:3
   2. San mouton an dwe make kay chak pitit Bondye. San an se siyati Bondye sou pitit li, epi yon so paske se sèl moun Izrayèl yo ki te konnen l e ki te genyen l. V.5, 13
   3. Vyann mouton boukanen an vle di ke Jezi asepte soufri nèt ale pou sove nou. V.9
   4. Si ou asepte manje sakrifis sa, sa vle di ou aksepte lavi ke Bondye bay la.
   5. Pen san lèdven an vle di: sèvi Bondye san melanj, epi zèb anmè a bay lide tèt ansanm nou ak Kris nan soufrans li yo. Egz.12:20
      Pandan tout istwa li, Bondye pral mande Izrayèl pou obsève jou rezirèksyon an tankou se yon obligasyon. Si li pa fè sa, lap mouri. Res.9: 13
      Kretyen an gen yon mak envizib Bondye sou li. Se mak san Jezi Kris ki aplike nan vi li pa lafwa. Mak sa distenge nou ak le moun. Konsa malediksyon kap frape le mond pa kap tonbe sou nou.

Pou fini

Malè pou ou si ou pa fè la sè n, siy kominyon nou ak Jezikri!

Kesyon

1. Ki mwayen preliminè yo te deplwaye pou sove Izrayèl?
   Dis malè sou moun An Ejip yo

2. Site yo
   Dlo tounen san, krapo yo, pou yo, mouch pwazonnen yo, lanmò troupo yo, gwo maleng yo, lagrèl, krikèt yo, fè nwa kon fou, lanmò tout premye pitit yo.

3. Ak ki mwayen pèp la te delivre?
   Ak san yon ti mouton

4. Kisa san sou lento pòt yo vle di?
   Li vle di siyati Bondye sou pitit Li.

5. Kisa zèb anmè a vle di?
   Patisipasyon nou nan soufrans Kris yo.

6. Poukisa ti mouton an te boukannen nèt nan dife?
   Pou montre ke Jezi te asepte soufri nèt ale pou li sove nou.

7. Kisa sa vle di lè nou aksepte sakrifis sa?
   Ke nou resevwa lavi Bondye nan kè nou.

Leson 4 - Sous Dlo Nan Dezè A, Gras La An Abondans

Tèks pou prepare leson an: Egz. 17:1-7; 15:22-17; Rés. 20:1-13; 1Kor.10:4

Tèks pou li nan klas la: Egz.17:1-7

Vèsè pou resite: Mwen menm, m'ap kanpe laba a, dwat devan ou, sou tèt gwo ròch Orèb la. W'a frape ròch la, dlo va soti ladan l'. Pèp la va bwè. Se sa menm Moyiz te fè devan chèf fanmi pèp Izrayèl la. Egz.17:6

Fason pou anseye Leson an: Istwa konparezon, kesyon

Bi Leson an: Senbolize Jezi tankou sous dlo ki bay lavi a.

Pou kòmanse

Pèp la te swaf. Lè yo pat kapab kenbe ankò, yo pran leza m kont Moyis. Eske san Moyiz ta kapab pase swaf yo? An nou ale nan basen dlo Mara pou nou wè sa Moyiz te fè?

I. Nan dlo Mara Egz.15: 26

Pèp la te fè presyon sou Moyiz. Lèsa a, Moyiz te kriye bay Letènèl. La menm Letènèl te montre li yon bwa pou l jete nan dlo a. Tou swit dlo a te vin dous. Tout moun te bwè l.

Aplikasyon: Lè nou fèk konvèti, Bondye voye zepwèv sou nou piti a piti pou li aprann nou konte sou li. Bwa Moyiz jete nan dlo a, se senbòl JeziKri nan la vi nou ki chanje lapèn nou an jwa. Men depi Bondye fè nou konnen ki sa li kap fè, li kómanse bay kondisyon yo pou nou sèvi li. Egz.15:26

II. Nan Mòn Orèb la Egz.17: 5-7

Pèp la t ap menase lavi Moyiz ankò.V.2, 4
Letènèl te oblije desann li menm: Li te mande li pou l fòme yon delegasyon ak ansyen yo pou vin rankontre l nan Mòn Orèb. Bondye te kanpe sou tèt wòch Orèb la. Li bay Moyiz lòd pou l frape wòch la ak baton li an. Dlo a pete soti, li fè yon ma dlo. Pèp la benyen nan dlo sa jouk yo about.V.6

Aplikasyon:
Wòch sa ki te frape pou pèp la se te senbòl Jezikri ki frape e ki fè koule gras an abondans anfavè nou. Se te deja yon anons Nouvo Tèstaman an ak Jezikri. 1Kor.10:4

III. Nan Wòch Kadès-Meriba Rés. 20:2-13

Fwa sa, pèp la te dechennen. Moyiz ak frè li Arawon te ale devan lye randevou a ak Bondye v.6 (*kote Bondye te konn rankontre ak Moyiz ak pèp la tou. Egz.29:42-44*)
Fwa sa a, Bondye pa te mande l pou fè Ansyen yo vini ni pèp la non plis.
Li te di tou senpleman pou l pale ak wòch la epi dlo a pwal soti: Sa te ase pouke Moyiz te deside san Bondye. Nan kòlè li, li te frape wòch la de fwa e dlo a te debòde. V.11
Depi lè sa Bondye te revoke Moyiz ak Arawon pou malèdve. Rés.20:12.24

Aplikasyon

1. Lòm pa gen oken dwa korije plan Bondye.
2. Kantite diplòm nou yo, konesans nou, renome nou ou byen richès nou pa bay nou dwa deside pou Bondye ni fè malèdve devan l.

3. Lè Kretyen yo ap fè èstera, sitou nan reyinyon dafè yo, sa kap mete relasyon pastè a ak Bondye andanje.
4. Anpil fwa, prezans ansyen yo nan legliz la, li bon pou pastè a lè lap pran kèk desizyon. Sa pèmèt li kontwole emosyon li pou li pa fè gwo san. Pastè se yon lòm li ye tankou tout moun. Nap toujou priye pou li gen imilite pou bagay Moyiz la pa rive'l.

Pou fini

Leson Moyiz la kont. Pran prekosyon nou, Kretyen!

Kesyon

1. Ki èksperyans difisil pèp Izrayèl te fè nan dezè a? Li manke mouri ak swaf.

2. Kisa Moyiz te fè, nan basen Mara?
Lè li te lage bwa a nan dlo anmè a, dlo a te vin Dous

3. Kisa pèp la te fè Nan Mòn Orèb?
Li te menase vi Moyiz

4. Kisa Letènèl te fè?
Li te mande Moyiz pou l frape wòch la.

5. Kisa Moyiz te fè Kadès-Meriba?
Li te frape wòch la.

6. Ki chatiman Bondye te ba li?
Li p ap bay li dwa pou li fè pèp la antre nan peyi pwomès la.

Leson 5 - La MA N Nan Dezè A, Jezi, Pen Ki Bay Lavi A

Tèks pou prepare leson an: Egz. Chap 16; Joz.5: 12; 1Wa.17: 1-6;
Jan.chap.6; Rom.3; 23 Gal 2:20
Tèks pou li nan klas la. Jan.6:48-58
Vèsè pou resite: Se mwen menm pen ki bay lavi a, pen ki desann sot nan syèl la. Si yon moun manje nan pen sa a, l'ap viv pou tout tan. Pen mwen gen pou m' bay la, se kò mwen. M'ap bay li pou tout moun ki sou latè ka jwenn lavi. Jan.6:51
Fason pou anseye Leson an: Istwa, konparezon, kesyon
Bi Leson an: Prezante Jezi tankou pen vivan ki soti nan syèl la.

Pou kòmanse

Pwoblèm dlo a se te yon. Men kòman bay manje nan yon dezè a plis ke yon milyon moun? Letènèl, louvri magazen ou yo non! A bon. Sa ap mache! Men manje ap soti anlè desann anba! Mesye, an nou manje!

I. Lamá n

1. Kote l soti: Nan syèl la. Nan magazen Bondye. Jan 6:31; Jak.1:17
2. Ki vitamin li gen: Pèp la manje li pandan karant an san li pat janmen soufri feblès. Egz.16:12-13, 35; Det.29:5
    a. Li te gen gou yon sándwich nòmal: pen ak vyann. Egz.16:12
    b. Bondye voye li chak jou. Egz.16:21. Lè jou Saba a te prèske rive, li te voye de fwa la valè paske l pa t ap voye lama n nan jou Saba a. V.22-24,27

    c. Yo te konsève yon pòsyon devan Bwat Kontra a pandan karant an.V.33
    d. Lè yo te rive nan Peyi Pwomès la, lama n nan te sispann. Joz.5:12

II. Ki lè nou wè lama n nan ankò

Nan Ansyen Testaman: Bondye te voye kèk **ka w** pote pen ak vyann pou pwofèt Eli 2 fwa pa jou.1Wa.17: 4,6

Nan Nouvo Testaman: Jezi te miltipliye senk ti pen ak de ti pwason, nan sa li te pran nan depo Li nan syèl la. Jan.6:9-10

III. Jezi se pen ki bay lavi a

1. Pèp Izrayèl te jwen lamá n pandan karantan; Jezi te bay tèt li pou lemond antye pou tout tan ki gen tan.
2. Ou grangou apwe ou fin manje lamá n; Men Jezi se pen vivan an ki bay lavi a; Nenpòt moun ki manje pen sa gen lavi ki p ap janm fini an. Pen sa se pawòl li; li rele l Espri ak Lavi. Lè ou manje pen sa, l ap rantre nan tout lavi ou, nan sèvo ou, nan manb ou, nan tout sans ou, nan kè ou. Jan.6: 51, 56, 63; Gal.2:20
3. Premye Adan te bay lanmò, Jezi se dezyèm Adan an ki bay lavi. Rom.3:23; Jan.1:4

Kòmantè

Lamá n soti nan yon mo ebre ki vle di **"Kisa Sa Ye?"** Levanjil, se Bòn Nouvèl. Lòm jodi a ap poze menm kesyon an **"Kisa Sa Ye?"** Jan di **"lavi, se nan li sa te ye. Se lavi sa ki te bay tout moun limyè."** Jan.1:4

Pou fini

Sa ke w ap manje ya se li ou ye. Si ou manje pawòl Bondye a, ou gen Bondye nan ou. An avan! Manje non!

Kesyon

1. Kisa pèp la te manje nan dezè a? Lamá n

2. Ki lè lamá n te fini?
   Lè yo te rantre Kanaran, nan tè pwomès la.

3. Ki kote Bondye te twouve manje sa?
   Nan depo li gen nan syèl la.

4. Ki gou li te gen? Pen ak vyann
5. Ki pwofèt nan Ansyen Testaman ki te gen privilèj manje lama n ankò? Pwofèt Eli

6. Kisa Jezi di de li menm lè l'ap pale de lamá n?
   Li se pen ki soti nan syèl la.

7. Kisa pawòl li fè nan nou?
   Li rantre nan tout vi nou, li domine nou tou

8. Kisa lamá n vle di nan lang ebre? Kisa sa ye

9. Kisa levanjil vle di? Bòn nouvèl.

Leson 6 - Amalèk, Konba Kont Malentespri

Tèks pou prepare leson an: Egz.17: 8-16; Det.25:17-19; Matye.17; 1; Kol.3:13
Tèks pou li nan klas la: Egz.17:8-16
Vèsè pou resite: Apre sa li di: -Men mwen leve men m' devan fotèy Seyè a, Seyè a p'ap janm sispann goumen ak moun Amalèk yo. Egz.17: 16
Fason pou anseye Leson an: Diskou, Konparezon, kesyon
Bi Leson an: Montre nesesite ki genyen pou nou gen konpanyon de priyè nan moman zepwèv yo.

Pou kòmanse

A pè n pwoblèm swaf la fi n rezoud, men pèp Izrayèl la ki an fas yon gwo lènmi yo rele Amalèk. Li vin tou cho vi'n mande l goumen. Kisa Amalek fè? Ki jan pèp Izrayèl la pra l reponn li?

I. **Plan batay Amalèk**. Det. 25: 17-18
   Li te atake Izrayèl nan pwen fèb li:
   1. Sila yo ki t ap trennen dèyè a, sila yo ki te dekouraje a.
   2. Sila yo ki te fatige a, ki tap fè neglijans, ki tap fè enteresan. Det. 25:17-18

II. **Plan batay Moyiz**
   1. Li mande Jozye pou l rasanble moun pou al goumen kont Amalèk. V.9
   2. Moyiz li menm, li monte sou tèt mòn nan, ak baton Bondye a nan men li. V.9
   3. Sèlman, lè li bouke kenbe baton an, Amalèk t ap vanse sou pèp Izrayèl la.

4. Lè sa, li te rele Arawon ak Our pou ede l kenbe men l anlè jouk solèy la kouche.
Ki sak te pase: Drapo viktwa a t ap flote nan kan Izrayèl la. V.12.

III. Desizyon Letènèl
Li mande Moyiz pou l ekri pwose verbal batay sa pou pèp la pa janm bliye l. V.14
1. Bondye bay Amalèk madichon: Li efase non l nan rejis li.
2. Li pra l pran Amalèk pou lènmi de jenerasyon an jenerasyon.
3. Moyiz monte drapo viktwa li ak non **Jeyova-Nisi** sou li: Sa vle di Senyè a se banyè nou. V.15

IV. Sa Amalèk ye nan lavi yon kretyèn
1. Sa nou rele ti peche nou yo: Peche ke n ap defann toutan yo. Peche ke nou bay ti non gate:
Ou gen Lògèy ou rele sa pèsonalite; Wap fe **Gaspiyaj** ou rele sa jenerozite; ou **kripia, chicharot** ou di wap fè ekonomi; ou bay **yon moun kalòt** ou rele sa lejitim defans; wap fè **landjèz, Medizans** ou rele sa enfòmasyon. **Tout move mès nou di**: Se tanperaman m, se pa mwen sèl ki konsa. Ou pito fache, e ou di:
Pouki w ap pale m de sa, ale egzote entèl; ou rantre nan sa ki pa regade w. Pa janm pale'm de sa ankò! Tout atitid sa yo rele **Amalèk** nan la vi nou. Ou pito rete konsa tan pou ou korije defo sa.
2. Amalèk se Satan ki siprann nou nan fason ke nou pa te atann:

1. Lè nou pwal fè lasèn; nan moman kè nou kontan,
2. Nan moman nou pa pwèt pou nou priye.
3. Li sèvi ak yon moun ki konn kisa pou l fè pou li dezame nou, pou fè nou fè kòlè, ou byen fè nou tris.

V. **Kòman pou nou venk li:**
   1. Toujou gen konpanyon jèn ak priyè tankou Jezi ki te gen Pye, Jak ak Jan. Matye.17:1
   2. Toujou gen konseye pou sipòte nou tankou Moyiz. Egz.17:12
   3. Rekonèt ke nou limite. E piga nou kwè ke nou twò fò pou refize èd yon lòt kretyen nan konsèy ak lapriyè. Kol.3:13

Pou fini
Amalèk devan pòt ou kounyea la. Rele kretyen pou vin ede'w priye !

Kesyon

1. Kiyès Amalèk te ye?
   Se Satan ak peche yo nou renmen defann nan.
2. Kiyès Izrayèl ye?   Pèp Bondye a
3. Kòman goumen ak Amalèk nan vi nou?
   Ak jèn ak lapriyè.
4. Kisa Moyiz te fè?
   Li te re rele Our ak Arawon pou vin ede l.
5. Kisa Jezi te fè?
   Li te gen Pyè, Jak ak Jan kòm konpanyon jèn ak priyè li.
6. Kisa Bondye te fè ak Amalèk?
   Li te deklare l lènmi Amalèk pou toutan sou la tè.

Leson 7 - Sinayi Ak Golgota

Tèks pou prepare leson an: Egz.chap.19 ak 20; Mat.11:28; Jan.1:17; Jan.12:32; Rom.6:4; 8:1; Ef.2:8; Eb.4:16; 12: 29
Tèks pou li nan klas la: Egz. 20:18-23
Vèsè pou resite: Koulye a menm, si nou koute sa mwen di nou, si nou kenbe kontra mwen an, se nou menm m'ap chwazi pou moun pa m' nan mitan tout pèp ki sou latè. Tout latè se pou mwen, se vre. Egz.19:5
Fason pou enseye Leson an: Istwa, Desen, konparezon, kesyon
Bi Leson an: Prezante diferan tablo de rankont ak Bondye.

Pou kòmanse:
Izrayèl pwal fè kounyea konesans pèsonèl ak Bondye nan mòn Sinayi. Kiyès ki ka devine rezilta konesans sa?

I. **An nou wè premye lòd Letènèl pase yo**: Egz.chap.19
   1. Moyiz te monte al jwen Bondye sou mòn Sinayi a. Li bay li yon mesaj pou li menm ak pèp la.
   2. Lè Moyiz desann mòn nan, li te kominike mesaj la a ansyen yo e a pèp la. Yo tout te dakò ak sa Moyiz di yo. Egz.19: 3-8
   3. Pèp la te gen yon delè de twa jou pou li sanktifye li avan randevou sa ak Letènèl.
      a. Yo gen pou yo abiye yo byen pwòp. Egz.19:14

    b. Yo pa fèt pou ni monte ni menm pwoche bò pye mòn nan. San sa, yap mouri. v.12
    c. Yo pa fèt pou kouche ak madanm yo pandan twa jou avan rankont sa. V.13, 15

II. Rankont ak Bondye: Egz. Chap.19
1. Twazyèm jou an nan gran maten, Bondye te voye kout zeklè ak kout tonè nan mitan yon gwo nyaj. Lè sa, Izrayèl tap sonnen twonpèt la. V.16
2. Moyiz te mete pèp la kanpe anba mòn nan pou li rankontre ak Bondye. V.17
3. Letènèl te desann nan mitan yon dife. Mòn nan t ap tranble ak raj. V.18
4. Izrayèl t ap kònen twonpèt la pi fò, Moyiz t ap pale e Bondye t ap reponn li byen fò. V.19 Bondye te envite l monte mòn nan vin jwen li. V.20

III. Dis kòmandman Bondye yo ak konsekans yo sou pèp la. Egz.chap.20
1. Lè Pèp la t ap tande Komandman sa yo, yo tout pran tranble. Egz.20:18
2. Yo te mande Moyiz pou li pa kite yo al fè èksperyans sa ankò. Pito pou pito, Moyiz a pran komisyon pou yo nan men Bondye. Egz.20:19
3. Moyiz te kalme yo e li te fè yo konnen pou ki rezon gran rankont sa.V. 20

IV. Mòn Gòlgota a pou kretyen an.
1. Lè nou konvèti nou pa pè pwoche bò kote Jezikri. Mat. 11:28; Okontrè, Li atire nou a li Jan.12:32
2. Bondye vle ke nou tout nou sove gras a la verite. 1Tim.2:3-4

3. Lalwa mete nou devan peche nou pou li pini nou; Lagras mete nou devan Jezi pou li delivre nou anba peche e pou beni nou. Rom.6:4; Ef.2:8; Eb.4:16
4. Konsa Moyiz te fè Sinayi, Jezi te fè Gòlgota.
5. Moyiz bay Lalwa, Jezikri bay nou Lagras ak Laverite. Jan.1:17
6. Pa gen kondanasyon pou nou kretyen. Rom.8:1;
7. Jezi chanje nou konplètman. Bagay ansyen yo pase. 2Kor.5:17

Pou fini

Si kounyea nou ka vin kote papa Bondye san nou pa pè, konnen tou ke li men m se yon dife devoran pou pini rebèl yo. Konsa, fèt atansyon! Eb.12:2

Kesyon

1. Ki kote Bondye te bay Dis Kòmandman yo a pèp Izrayèl la?
   Sou mòn Sinayi.
2. Ki prekosyon yo te dwe pran?
   a. Yo dwe abiye ak rad pwòp
   b. Yo pa dwe proche madanm pandan twa jou.
   c. Yo pa dwe touche mòn nan ni pwoche twò pre li.
3. Kòman Bondye te prezante li?
   Nan mitan dife ak gwo kout loraj.
4. Kisa pèp la te mande Moyiz?
   Pou li kap sèvi entèprèt pou yo devan Bondye.
5. Ki kote kretyen an te fè premye eksperyans li?
   Anro Mòn Gòlgota.
6. Ki wòl lalwa? Li la pou pini nou pou peche nou yo.
7. Ki wòl lagras? Li la pou delivre nou anba kondansyon peche.

Leson 8 - Saba Ak Dimanch

Tèks pou monitè: Egz.16:29; 20:4; 31:13, 16-17; 35:2-3; Rés.15:32-36; Det.5:15; Néy.10:31-32; Eza.56:2; Jér.17:21-22; Lam.2:6; Oze.2:13; Mat.28:20; Tra.2:1; 20:7; 1Kor.16:2; Gal.4:10; Kol.2:16; Eb.4:4,9
Tèks pou li nan klas la: Det. 5:11-15
Vèsè pou resite: Jezi di yo ankò: -Jou repo a te fèt pou moun; se pa moun ki te fèt pou jou repo a. Mak.2:27
Fason pou anseye Leson an: Istwa, konparezon, kesyon
Bi Leson an: Montre Saba kòm yon enstitisyon e Dimanch kòm jou Senyè a, pa gen anyen pou wè ak delivrans nou anba chenn peche nou yo.

Pou kòmanse

Lè nou mete Saba ak Dimanch lan kanpe, ki bò pou nou mete lakwa kalvè a? Me Kesyon an pou nou reponn nan.

I. Ki sa Saba a vle di? Li vle di repo, yon ti konje:
1. Se yon règ Bondye te bay pèp Izrayèl lè yo t ap soti An Ejip. Egz.20: 2,8
2. Li te mete l nan lis Dis Komandman yo. E li mande pèp la pou li obsève l. Egz 16:29;.20:4; Det.5:15
3. Izrayèl pra l travay pandan 6 jou, men setyèm jou a, yo dwe repoze.
4. Se te yon siy patikilye de yon akò pou toutan ant Izrayèl ak Bondye. Egz.31: 13, 16-17

Pa konsekan Bondye te dezòmè yo:
a. Pou yo pa fè manje jou repo a. Egz.35:2-3

b. Tout travay dwe sispann jou sa, sinon yap mouri. Rés.15:32-36; Jer.17:21-22
   c. Kèlke swa komès la, li dwe pou fèmen jou sa. Néyé. 10: 31-32
   5. Bondye beni Izrayèl pou lobeyisans li.
      Eza. 56:2

IV. Saba ak Nouvèl Alyans lan:
   1. Nan kat Evanjil ak Travay Apot yo, yo te pi fò pale de zafè Sabaa an rapò ak pèp Jwif la. Nan rès pati Nouvo Testaman an, yo pale de Saba de (2) sèl fwa. Se te pou bay yon ilistraksyon sou bagay èspirityèl, an rapò ak Jezikri ki modèl nou. Kol 2:16; Eb.4:4

      Konsa Nan Nouvo Testaman, Lapòt Pòl di a Kolosyen yo pou pa kite pèson kritike yo sou zafè fèt, sou lalin nouvèl ou byen sou zafè Saba yo. Kol.2:16

      Nan premye syèk la, kèk kwayan te fè ankò yon distenksyon ant jou yo. Gen lòt ki te konsidere yo tout egal. Selon prensip Gran Komisyon an, kretyen yo la pou sèvi Kris chak jou. Mat.28:20 paske Kris te pwomèt pou li avèk nou chak jou jiskaske li retounen. Li pa te di an wetan jou Saba a.

      Remake ke depi nan Ansyen Testaman, Pwofèt yo te deja anonse ke zafè Saba te gen pou sispan. Oze.2: 13; Lam. 2:6 Pòl te soupriye Galat yo pou yo bliye zafè Saba. Sansa yo fè l fè kòve. Gal.4:10

      Konsa **vrè repo** a se pa **yon jou** men se **Jezikri li men m**. Mat.11: 28; Eb.4:9

V. Dimanch la: jou Senyè a

1. Kretyen yo pa obsève Dimanch tankou yon jou repo pou ranplase jou Saba Jwif yo, men kòm yon jou yo mete apa
    a. Pou adore Bondye ak tout kè yo e pou ale preche levanjil. Mat 28:20
    b. Pou yo adore Bondyen ak sa yo posede e kominyen asanm ant frèzesè yo. 1Kor.16:2
    c. Pou yo fè lasèn. Tra.20:7
    d. Pou gran reyinyon yo paske legliz Jezikri a te fonde nan jou sa. Tra.2:1

VI. Lakwa kalvè a

Ni Saba ni Dimanch pa te mouri pou peche pèson. Jezi ap sove moun jounen jodia. Jodia ka vle di nenpòt jou nan semèn nan. 2Kor.6:2; Eb.4:7

Pou fini

Sispann goumen pou jou; sa p ap itil nou anyen. Chwazi Jezi k'ap sove w jodia!

Kesyon

1. Ki sa Saba ye? Konje, repo
2. Ki sa Dimanch la ye? Jou Senyè a.

3. Ant Saba ak Dimanch, kilès nan yo k ap sove nou? Okenn nan yo.

4. Kilès k ap sove? Ni yon ni lòt.
   Jezi sèl kite mouri pou nou sou lakwa kalvè a.

5. Pouki moun Bondye te bay Saba? Pou Jwif yo.
6. Pouki moun Bondye ofri delivrans la?
   Pou tout moun alawonbadè.

Leson 9 - Sakrifis Yo Ak Padon Peche Yo

Tèks pou prepare leson an: Lev.1:1-9; 8:22-29; Rom.12:1-3; 2Kor.5; 21; Gal.3:13; Eb.10:14; 13:11-12; 1Jan.1:7

Tèks pou li nan klas la: Lev.8:22-29

Vèsè pou resite: Se sak fè, frè m' yo, jan Bondye fè nou wè li gen kè sansib pou nou an, se pou nou ofri tout kò nou ba li tankou ofrann bèt yo mete apa pou Bondye, bèt yo ofri tou vivan epi k'ap fè Bondye plezi. Se sèl jan nou dwe sèvi Bondye tout bon. Rom.12:1

Fason pou anseye Leson an: Istwa, Konparezon, Kesyon

Bi Leson an: Montre vrè valè sakrifis Jezikri pou sove nanm nou.

Pou kòmanse

Nou pa janmen peye Bondye lajan pou tout sa Li bay nou. Kisa nou dwe ba li pou sa? Nap jwen repons la nan devlòpman leson sa.

Nou dwe fè Sakrifis pou li.
I. Gade nan Ansyen Testaman an: Lev.1:3
  1. Te gen Sakrifis pou peche kont Bondye
     a) Yon sakrifis se te yon bèt pèp la te ofri pou peche li te fè: Se te sakrifis yon bèt mal, san defo ke yo te boukanen nan dife pou Letènèl. *Ki jan sa te fèt?*
     b) Moun nan ki koupab la te dwe touye bèt la, pou li kòche l. Li wete trip yo ak frechi a. Apre sa li renmèt li a sakrifikatè a. *Sakrifikate a li menm, boukanen li nan dife anro lotèl. V.6-9*

Kòman li te ofri l? An nou bay plis eksplikasyon sou sa:
a) Moun nan ki koupab la mennen bèt la li menm devan Tant Randevou a pou'l jwen favè Bondye. V.3
b) Li mete men li sou tèt bèt la pou fè konprann ke li bay bèt la nan plas li. V.4
c) Li dage bèt la devan Letènèl tandiske, sakrifikatè yo ki pitit Arawon, pwal rouze lotèl la ak san bèt la. V.5
d) Bèt sa ki touye a vle di sakrifis Kris pou lave peche nou. Li vle ankouraje konsekrasyon nou a Kris akòz sakrifis li pou nou sou bwa Kalvè a. Rom.12:1-3

2. **Te gen Sakrifis pou tò yo te fè a pwochen yo:**
Sakrifis nou soti pale de li a, se pou peche yo te komèt kont Bondye, pou mande l padon.
Sakrifis nap pale de li kounyea se pou lè yo antò devan pwochen ou. Lev.5:5-7
Moun ki t ap prezante sakrifis sa yo pa gen dwa manje annyen ladan. Yo dwe al boukanen bèt la deyò kan an kòm yon bagay zenpi. Se te pou reprezante Kris kite chaje l de fòt nou yo, li te pote madichon peche nou sou li. Lev.5:13; Eb.13:11-12; 2Kor 5:21; Gal.3:13

3. **Te gen Sakrifis pou konsekrasyon lidè yo**
Lè saa se Moyiz k ap kòmande seremoni konsekrasyon sakrifikatè yo. Lev.8:22-24
1. Li mande Arawon ak pitit li yo pou yo poze men yo sou yon mouton. Lev.8:22-24
2. Li dage yon mouton. Li pran san an pou li mete l sou zòrèy dwat, sou men dwat ak sou gwo zòtèy pye dwat Arawon ak pitit li

yo. Siy sa reprezante konsekrasyon total sakrifikatè yo, nan tout kò yo pou sèvi Bondye. Lev.8:22-24

3. Moyiz pwal pran pen san lèdven, grès, lake bèt la, frechi bèt la ak zepòl dwat bèt la pou li mete yo nan men Arawon ak pitit li. Apre sa li reprann yo pou li sekwe yo devan Letènèl V.27 Lèl fini, li boule yo sou lotèl anwo ofrann yo. V.27-28

Sa se siy de kò lidè a ki mètri, tout sa ki nan li ki ka eksite pasyon la chè ak lògèy, yo tout dwe brile devan Letènèl. Lev.8:25-29

II. Nan Nouvo Testaman an

1. Nou wè Jezi ki te ofri li menm kòm Viktim pou peye dèt peche nou yo. Ak yon sèl ofrann li fè ak San li, Li pirifye nou de tout peche. Eb.10:14; 1Jan.1: 7b

2. Kounyea, se tou pa nou, pou nou konsakre nou a li tankou yon sakrifis vivan, sen, agreyab. Byen nou, tan nou, talan nou, manb nou yo, fakilte nou yo dwe pou kouvri pa la fwa ak san li, ak Sentèspri li. Nou dwe livre nou bay li san kondisyon.

Pou fini

Pechè, Jezi te deja peye dèt peche nou pou sove nanm ou. Vini jwen li kounyea!

Kesyon

1. Esplike sakrifis pou padon peche an.
   Moun nan ki koupab la mete men li sou tèt bèt la, li dage li, li kòche li, li wete frechi a. Sakrifikatè pitit Arawon yo rouze lotèl la ak san bèt la.

2. Kilè nou dwe prezante sakrifis pou fòt a pwochen nou yo?
   Lè nou fè tò a pwochen nou.

3. Ki moun ki prezide seremoni konsekrasyon pou sakrifikatè yo? Moyiz

4. Sa sa vle di boule grès, boule frechi ak ke bèt la sou lotel?
   Tout pasyon ak lògey ki nan nou, dwe pou detri lè nap sèvi Bondye.

5. Kilès ki viktim pou chatiman peche nou yo?
   Jezikri

Leson 10 - Lèp Ak Konsekans Li Yo

Tèks pou prepare leson an: Lev chap.13; 2Wa 5:1-19; Lik 17:11-19; 1Jan 1:7
Tèks pou li nan klas la: Lik17:11-19
Vèsè pou resite: Lè Jezi wè yo, li di: Al fè prèt yo wè nou. Pandan yo taprale, yo geri. Lik 17:14
Fason pou anseye Leson an: Istwa, Konparezon, Kesyon
Bi Leson an: Prezante Jezi kòm doktè ka enposib yo.

Pou kòmanse
Maladi sa pa kap touye moun ankò.... Ki gran jwa lè nou tande yon deklarasyon konsa? An nou ale wè pito ki maladi e ki doktè.

Yon maladi ki toujou touye moun: Lèp
I. Li bay ou yon mò sivil: ou pa lasosyete ankò
  1. Ki Sentòm li, ki jan pou rekonèt li:
     a. Ou gen yon kòlonn boul ak gwo kal blanch ki parèt sou pati a ki malad la. Lev.13: 2,3,8,24,25
     b. Lèp atake sitou kwenn tèt ou, arebò bouch ou, babin ou, anlè tèt ou. Fontenn lan vin dekale.
     c. Lèp la parèt tou tankou se yon brile. Lev.13:24, 29, 30,42 Moun ki gen lèp la te dwe konsilte sakrifikatè souvan pou fè egzaminen li. Sakrifikatè a ka mande li pou li izole li pandan sèt jou si ka li pa twò grav. Men si lèp la grav, moun nan dwe pou viv apa. Lev.13: 21,25
     d. Nan ka ki pi grav yo, moun sa ap pèdi falanj dwat li yo ak zòtèy li yo, cheve,

zong, jensiv. Menm dan ap rache de tanzantan. Nen li, zye li, lang li ak po bouch li. Si nou gade byen, Siryen yo pat pran maladi saa oseriye. Wa Siryen an te apiye sou men Naaman ki lepre lè lap soti. Naaman li menm tap viv kay fanmiy li. 2Wa.5:18 Okontrè, Moun Izrayèl yo te retire moun ki gen lèp yo nan sosyete ya. Lev13:45-46

e. e. Yo dwe mete rad chire, kouvri bab yo epi viv deyò sosyete a. Lè moun ap proche bò kote yo, yo dwe rele byen fò: mwen gen lèp, mwen gen lèp! Lik.17:12

II. Li bay ou tou yon mò espirityèl

1. Lè Jezi vini li fè moun lepre yo retounen viv ankò nan sosyete a. Lik.17: 11-19
2. Li te bay dis moun ki te gen lèp yon **sètifika gerizon sèlman ak pawòl** ki soti nan bouch li, epi li te voye yo kote sakrifikatè a pou **mete so sou sètifika sa yo**. Sa vle di pou sakrifikatè a wè gerizon an deja fèt. Jezi te fè èspre pou montre ke se li menm ki chèf sakrifikatè yo. Li pa fè konsiltasyon sèlman; li fè gerizon nèt ale. Lik.17:14
3. Lèp la se senbòl peche ki mete lòm lwen la kominyon li ak Bondye. Men Jezi vini e li lave nou ak san li. Wò.3:23; 6:23; 1Jan.1:7
4. Dlo pwòp jistis nou, kwayans nou, ou byen relijyon pèsonel nou pa kapab sove nou. 2Wa. 5: 12

Pou fini

Maladi ou la pa kapab kontaminen Jezi. Lap touche w san mete gan nan men Li ni mas nan figi L. Vin lage w nan bwa l jodia.

Kesyon

1. Kisa lèp la ye?
   Yon maladi ki pa gen gerizon.

2. Kisa sakrifikatè konn deside lè yon moun gen lèp?
   Li izole li ou byen li fè l kite sosyete a.

3. Ki kondisyon moun ki gen lèp la nan sosyete a?
   Yon mò sivil. Yo pa pran l pou moun ankò.

4. Sa Jezi te fè?
   Li geri yo e li fè yo retounen nan sosyete a ankò.

5. Kòman?
   Li geri yo ak pawòl ki soti nan bouch Li. Se sa ki sètifika a.

6. Kisa lèp la reprezante?
   Peche ki ekate nou nan kominyon ak Bondye.

7. Kisa ki kapab lave nou ak lèp peche?
   San Jezi

Leson 11 - Zafè San An Nan Relijyon Kretyen Yo

Teks pou monitè   Jen.4:10; 9:3,4; Egz. 24:8; Lév.8:23, 30; 17:10-12; De t.12:23; Mat .26:28; Efe.2:13; Ebre.9:18-22; 12:24; 1Pye. 1:19; 1Jan.1: 7; Rev. 12:11.

Tèks pou li nan klas la : Lév.17:10-13

Vèsè pou resite: Si yon moun rive manje san nenpòt ki bèt, se pou yo mete l' deyò nèt nan mitan pèp Bondye a. Lév.7:27

Bi leson an: Montre enpotans san Jezi pou nou rive sove anba peche.

Fason pou anseye leson an: diskisyon, konparezon, kesyon

Pou kómanse

Bondye fè san kouri nan venn nou pou bay nou la vi. Li rele san an la vi.

I. **Sa san vle di nan Ansyen Testaman.** Lev. 17:10-12

An nou wè kisa li gen ladan:
1. li gen la vi. Det .12:23
2. li gen yon pwensip ki bay la vi. Lev. 17:11
3. Bondye reklame vanjans pou san Abèl frè li Kayen te mete deyò. Jen.4:10
4. Ou pa gen dwa manje bouden san. Jen.9: 3,4

Dapre la lwa, peche kondanen nou pou mouri; sèl sakrifis ki fèt ak san kapab delivre nou anba lanmò. Sa bay nou yon lide sou sakrifis san Kris pou nou sou bwa kalvè a. Ebre .9:22 Bondye defann moun manje san. Li te la sèlman pou yo mete l sou moun ou byen sou bagay yo te gen pou pirifye. Lev.8:23,30; Egz.24:8; Ebre.9:18-22 Se te yon fason pou sakrifikatè te fè konpran: puiske moun nan ou byen pèp la mwen reprezante a ta dwe mouri pou peche l, men san ki vese kòm yon prèv ke te gen yon viktim ki te bay nan plas li. Kidonk, mwen bay la lwa satisfaksyon, mwen vin mande'w Seyè pou'w padonen l selon pwomès ou te fè.

II. Sa san an reprezante nan Nouvo Testaman.

Li gen anpil non. Yo rele li:
1. San Jezi. 1Jn.1:7
2. San Kris. Efe.2:13
3. San ti mouton an. Rev.12:11
4. San alyans la. Mat.26: 28
5. San pou mete yon so sou nou. Ebre.12:14
   Tout pawòl sa yo se pou pale de mò Jezikri pou peye dèt peche nou yo. Se te sèl mwayen Bondye te asèpte pou sove nou.

Konsa, san la pou sove yon pechè, men li pa la pou moun ap vèse li pou fè tèt ou plezi, ou byen pou fè yon moun plezi. Se pou rezon sa moun yo ki dakò pou asasen yo, pa dakò pou moun mete san lòt moun deyò.

III. Kisa san an reprezante

Nan Ansyen Testaman
1. Se yon siy de yon inosan ki peye pou yon koupab. Egz.12:3
2. Se te yon sakrifis yo fè pou mande padon. Lev.17:11
3. Se te yon siy ki bay pwoteksyon kont kole Bondye Egz.12:23

Nan Nouvo Testaman
1. Se te yon mwayen pou padonen yon koupab. Ebre.9:22; Rev.1:6

2. Se siyati Kris sou legliz li. 1Kor.11;25
3. Li reprezante tout frè ke Jezi dakò fè peche pou gen legliz, madanm ni. 1Pyè.1:18-19

Pou fini:
Puiske san Jezi pirifye nou de tout peche, an nou renonse a vièy vi nou tap mennen an, a tout move mès nou yo, pou nou sèvi li nan yon èspri nouvo.

Kesyon

1. Kisa san te reprezante nan Ansyen Testaman an?
   La vi, pwensip la vi, siy pou rachte moun.

2. Pouki sa Bondye te reklame kò Abèl nan men Kayen? Akòz san ki te vèse.

3. Ki kondanasyon yo te bay moun pou peche nan Ansyen Testaman an? Lanmò.

4. Pouki Bondye te defann moun yo manje bouden san?
   Paske san gen la vi ladan. Li te la sèlman pou sove yon lòt vi ki tap pèdi.

5. Bay yon lòt non pou san ti mounton an. San alyans la.

6. Kisa san reprezante nan Nouvo testaman an?
   Yon mwayen pou padonen, Se siyati Jezikri sou legliz li. Se frè Jezi te peye pou Sali nou.

Leson 12 - Kisa Mari Vyèj La Vle Di

Tèks pou monitè: Mat.1:18-25; Lik 1:26-45; 2:52; Jan. 19:41-42

Tèks pou li nan klas la: lik.1:26-38

Vèsè pou resite: Zanj lan reponn li: Sentespri a pral vin sou ou; pouvwa Bondye ki anwo nan syèl la pral kouvri ou tankou yon lonbraj. Se pou sa tou, tipitit ki pral fèt la pral viv apa pou Bondye, y'a rele l' Pitit Bondye. Lik.1:35

Bi leson an: Leve Mari byen ro paske li te vièj avan li fè timoun.

Fason pou anseye leson an: Diskisyon, konparezon, kesyon

Pou kómanse:
Nesans a Jezi pa gen parèy. Papa li se Bondye e manman li yon fanm tankou tout fanm. An nou wè sa la bib la di:

I. Jezi te yon moun tankou tout moun.
1. **Manman li te yon fiy vyèj nan bouk Nazarèt.** "Mari di anj la: ki jan pou m ta fè ansent, mwen men ki pa janm nan gason". Li te fiyanse a Josèf men li pat nan plase, ni nan boy-friend. Lik.1:34
2. **Jezi te gen yon kò nomal li te pran nan yon fanm nomal.** Se pou rezon sa li grandi an sajès, li grandi nan kò li e nan lagras devan papa Bondye e devan tout moun. Lik.2:52
3. **Li te devlope tankou tout moun:** li te fèt, li grandi, li te konn gen domi, li te konn grangou, li te konn swaf, li te konn soufri, li te gen lènmi e li te rive mouri. Eza.9: 5; Mat. 8:24; 21: 18; Jan.4:6;19:28,30

4. **Li te gen yon non tankou tou moun.** Non Jezi a soti nan Josué ou Jeshua qui vle di Sovè. Mat.1:21

II. **Ki kote nou jwen prèv ke Jezi se pitit Bondye?**
  1. **Se Lespri Bondye Li menm ki mete Jezi nan vant Mari.**
     Lanj la te di Mari: Lesentèspri pral kouvri ou ak lonbraj li. Ou va ansent e pitit ou va fè a, li va sen, konsa yo va rele li pitit Bondye. Se Bondye li menm ki chwazi pou se yon ti gason li ye. Lik.1:35
  2. **Li gen yon dimansyon èspirityèl.**
     a. Puiske se Lesentespri ki papa l, li dwe gen menm nati ak papa'l. Puiske Papa a se Bondye, pitit li se Bondye li ye tou. Jezi di: "mwen menm ak papa a nou fè yon sèl. Mwen nan papa a e papa a nan mwen tou. Sa se yon mistè. Nou pa kapab èksplike li. Jan.10:30; 14:10-11
     b. Li imite papa li nan tout bagay. Jan.14:10 Lèspri pa gen komansman, Kris la non plis tou. Jan.1:1; 17:1

III. **Diskisyon nan klas la**
  Jen fiy, poze tèt ou kesyon sa yo jodia:
  Si Bondye ta gen yon misyon èspesyal li ta vle ranpli kounyea sou tè sa, eske li te kap chwazi m. Tou dabò, mwen dwe poze tèt mwen kesyon:
  1. Konbyen renmen mwen pase deja?
  2. Konbyen fwa mwen te konnen gason nan kò mwen?
  3. Konbyen siyati jen gason mwen gen sou kò mwen e nan konsyans mwen?

Jen gason fè menm bagay la tou:
1. Lè mwen bezwen yon menaj, eske mwen mande Bondye pou chwazi'l pou mwen?
2. Eske map tann Bondye prepare yon fi pou mwen?
3. Eske map bay Bondye premye plas nan menaj mwen e nan maryaj mwen?
4. Eske fòk mwen eseye ti fiy la avan m marye avè l?

IV. Ki sa nap jwen kòm rezilta?
1. **Pou rou:**
   Wap gen yon maryaj solid ki kap reyisi.
2. **Pou Mari:**
   Bondye bay li obamo 7 pitit apre Jezi te fèt. Mat.13:55; Mak. 6:3
3. **Pou Jezi:**
   Yo rele li Bondye Tou Pisan "Pa gen moun ki janm pale konsa" Jan.7:46
   Li yon èspesyalis pou tout kalite pwoblèm ki pat janm gen solysyon avan; Moun krochi, moun ki fèt avèg, moun kokobe, moun ki gen lèp, tout jwen delivrans nan men li. Mat.8: 14-17; Lik.5:26

Pou fini
Nou fè Mari konpliman pou fidelite li, pou lobeyisans li, pou konsekrasyon li. Nou bay Bondye glwa pou misyon Mari te akonpli. Eske nou kap di menm bagay la pou rou tou?

Kesyon

1. Ki moun ki papa Jezi kòm Bondye? Papa Bondye nan syèl la.

2. Ki moun ki man li kòm Bondye? Pèson moun

3. Ki moun ki manman kòm moun? Mari

4. Ki sa nou jwen kòm vèrti nan Mari? Li te vièj.

5. Ki jan nou kap prouve sa? Menm lè li te fiyanse a Josèf, li te gade tèt li pi.

6. Ki non diven li te gen? Kris

7. Eske li te devlope tankou tout ti moun? Wi

8. Koman li te fèt? Pa yon operasyon Lesentèspri.

9. Kote li te jwen pisans li? Nan Bondye papa li.

10. Pouki sa nou di ke li se Bondye? Paske papa li se Bondye.

11. Obamo, konbyen ti moun Mari te genyen? Wit

12. Ki èspesyalite Jezi te gen?
    Li rezoud tout kalite pwoblèm ki pat janm gen solisyon.

13. Ki kote li te ale lè li mouri? Li tounen al jwen papa li nan syèl la.

REVIZYON VESE YO

Seri IV Mache Nan Dezè A

    Leson   **Sijè**   **Vèsè**

1. **Premye Pa Yo Jan.8:29**
Moun ki voye'm lan li avèk mwen. Li pa kite'm pou kont mwen, paske mwen toujou fè sa'k fè li plezi.

2. **Soti An Ejip. Konvèsyon Pechè A Egz.14:13**
Moyiz te reponn pèp la: Nou pa bezwen pè, pran kouraj louvri je nou; wè jan Segnè a pral delivre nou jodia. Moun peyi Lejip yo nou wè jodia, nou pap jan'm wè yo ankò.

3. **Manje Pak La. Delivrans Pechè a Egz.12:13**
San nou pase sou pòt yo va make kay kote nou ye a. Lè ma wè san an ma sote kay nou. Konsa lè map fwape peyi Lejip chatiman an pap tonbe sou nou tou.

4. **Sous Dlo Nan Dezè A. Gras Bondye An Abondans Egz. 17:6**
Mwen men m map kanpe laba a, dwat devan ou sou tèt gwo wòch Orèb la. Wa fwape wòch la, dlo va soti ladan l. Pèp la va bwè.

5. **Lamà n Nan Dezè, Jezi Pen Ki Bay Lavi A Jan.6:51**
Se mwem men m pen ki bay la vi a, pen ki desan n sot nan syèl la. Si yon moun manje pen sa lap viv pou toutan.

6. **Amalèk Yon Konba Kont Malentespri Egz 17:16**
   Aprè sa li di: men mwen leve men m devan fotèy Segnè a, Segnè a pap jan'm sispan'n goumen ak moun Amalèk yo.
7. **Sinayi Ak Golgota Egz.19:5**
   Kounyea, si nou koute sa mwen di nou, si nou kenbe kontra mwen an, se nou menm map chwazi pou moun pa m nan mitan tout pèp ki sou la tè. Tout la tè se pou mwen, se vre.
8. **Saba Ak Dimanch Mak.2:27**
   Jou repo a te fèt pou moun. Se pa moun ki te fèt pou jou repo a.
9. **Sakrifis Yo Ak Padon Peche Yo Rom.12:1**
   Mwen ankouraje ou frè m, pa konpasyon Bondye, pou ou bay kò ou tankou yon sakrifis vivan, sen e agreyab pou Bondye, sa ki ta va yon adorasyon rezonab.
10. **Lèp Ak Konsekans Li Yo Lik.17:14**
    Depi li te wè yo, li di yo: ale fè sakrifikatè a wè nou, pandan ke yo te ale, Lè yo rive, yo te geri.
11. **Zafè San An Nan Relijyon Kretyen Yo. Lév.7:27**
    Si yon moun rive manje san nenpòt ki bèt, se pou yo mete'l deyò nèt nan mitan pèp Bondye a.
12. **Kisa Nou Kwè De Mari Ki Rete Vyèj Apre Nesans Jezikri Lik.1:35**
    Zanj nan reponn li: Sentèpri a pral vin sou ou. Pouvwa Bondye ki anwo nan syèl la pral kouvri ou tankou yon lonbraj. Se pou sa tou, ti pitit ki pral fèt la, pral viv apa pou Bondye, ya rele l pitit Bondye.

Seri 1- Evanjelizasyon 4
Leson 1 - Evanjelizasyon An, Yon Kòmandman Nouvo-Tèstaman.. 6
Leson 2 - Nesesite Pou Fè Evanjelizasyon An........................ 9
Leson 3 - Disip Yo Nan Evanjelizasyon 12
Leson 4 - Zapòt Yo Nan Evanjelizasyon 15
Lecon 5 - Estrateji Pou Fè Evanjelizasyon An 18
Leson 6 - Divès Mwayen Pou Fè Evanjelizasyon................... 21
Leson 7 - Metòd Pou Fè Kontak Ak Moun Nan Evanjelizasyon 24
Leson 8 - Mesaj Evanjelizasyon An 27
Leson 9 - Evanjelizasyon Nan Fanmi Lan 31
Lecon 10 - Evanjelizasyon Moun Kap Adore Zidòl Yo 34
Leson 11 - Evanjelizasyon Jwif Yo 37
Leson 12 - Pawol Kwochi Pou Nou Evite Nan Evanjelizasyon An.. 41
REVIZYON VESE YO 44
Seri 2 - GASON MECHAN YO NAN BIB LA 46
Leson 1 - Kayen, Premye Kriminèl La.................................. 48
Leson 2 - Frè Josèf Yo, Yon Bann Zenglendo....................... 51
Leson 3 - Frè Josèf Yo Ak Chatiman Yo (Swit) 54
Leson 4 - Fararon Yo, Se Le Diab An Pèsòn........................ 57
Leson 5 - Espyon Kanaran Yo, Yon Bann Kolabóratè Movèz Fwa.. 60
Leson 6 - Moun Kòwonpi Yo Ak Moun Ki Gen Anbisyon Pouvwa Yo 63
Leson 7 - Yon Chèf Deta Fou E Mechan 66
Leson 8 - Flatè San wont Yo 69
Leson 9 - Aman, Enmi Jwif Yo Pou Lavi 72
Leson 10 - Sayil, Yon Wa Malfèktè....................................... 75
Leson 11 - Moun Ipokrit E Mechan Yo Sou Regim David La . 78
Leson 12 - Kretyen Ki Gen Movèz Fwa 81
REVIZYON VESE YO 84
Seri 3 - Sali a 86
Leson 1 - Peche, Rezon Ki Fè Nou Pèdi 88
Leson 2 - Konvèsyon An 91
Leson 3 - Konvèsyon (swit) 94
Leson 4 - Repantans La Se Yon Obligasyon.....................98
Leson 5 - Repantans La (swit) 101
Leson 6 - Peye Dèt Ou 104

Leson 7 - Konnen Doktri n Ou 108
Leson 8 - Batèm Evanjelik La, Se Yon Obligasyon 111
Leson 9 Lagras Yon Favè Bondye Fè Nou Ke Nou Pa Merite 114
Leson 10 - Lafwa Nan Sali Moun Ki Kwè 117
Leson 11 - Jèn Nan, Yon Rejim Espirityèl 120
Leson 12 - Lapriyè 123
REVIZYON VESE YO 126
Seri 4 - La vi Nan Dezè A 128
Leson 1 - Premye Pa Yo 130
Leson 2 - Soti An Ejip La, Konvèsyon Pechè A 133
Leson 3 - Manje Pak La. Delivrans Pechè A 136
Leson 4 - Sous Dlo Nan Dezè A, Gras La An Abondans 139
Leson 5 - La MA N Nan Dezè A, Jezi, Pen Ki Bay Lavi A 142
Leson 6 - Amalèk, Konba Kont Malentespri 145
Leson 7 - Sinayi Ak Golgota 148
Leson 8 - Saba Ak Dimanch 151
Leson 9 - Sakrifis Yo Ak Padon Peche Yo 154
Leson 10 - Lèp Ak Konsekans Li Yo 158
Leson 11 - Zafè San An Nan Relijyon Kretyen Yo 161
Leson 12 - Kisa Mari Vyèj La Vle Di 164
REVIZYON VESE YO 168

Ti detay sou vi Pastè Renaut Pierre-Louis

Pastè nan Legliz Batis Saint Raphael,	1969
Diplômen nan Teoloji nan Seminè Batis Limbe,	1970
Diplômen nan Lekòl kontablite Julien Craan	1972
Pwofesè Angle ak Panyòl nan Collège Pratique du Nord au Cap-Haitien,	1972
Pastè nan Premye Legliz Batis nan Cap-Haitien,	1972
Pastè nan Legliz Batis Redford, Cité Sainte Philomène,	1976
Diplômen nan Lekòl Avoka au Cap-Haitien	
Fondatè Collège Redford ak l'Ecole Professionnelle ESVOTEC,	1980
Pastè Legliz Batis Emmaüs à Fort Lauderdale	1994
Pastè nan Legliz Batis Péniel à Fort Lauderdale	1996

Pastè pandan senkantan (50), Avoka, Poèt, Ekriven, Konpozitè Teyat, li jwe teyat

Jodia sèvitè Bondye sa pote pou nou « Dife Fann Fwa».

Se yon liv pou enstri nou. Li gen gwo koze nan teoloji ladan.

Li déjà fè gwo chanjman nan fason pou anseye nan Lekòl Dimanch e nan fason pou nou prezante mesaj Pawòl Bondye a.

Pastè yo, predikatè yo, monitè yo, kretyen ki gen zye klere yo, tanpri, pran "Dife Fann Fwa". Kan w fini, pase l bay yon lòt. 2 Tim. 2:2

Pastè Renaut Pierre-Louis

www.ingramcontent.com/pod-product-compliance
Lightning Source LLC
Chambersburg PA
CBHW052135110526
44591CB00012B/1730